Wandelen door het antieke Rome

Luc Verhuyck

# Wandelen door het antieke Rome

Met een voorwoord van Wim Weijland

ambo|anthos

Amsterdam 2016

*Voor Gerda Goossens*

Copyright © 2016 Luc Verhuyck/Athenaeum—Polak & Van Gennep, Spui 10, 1012 WZ Amsterdam
Copyright voorwoord © 2016 Wim Weijland

Omslag Ilona Snijders
Omslagbeeld © Getty Images / Lorenzo Viola / EyeEm
Binnenwerk Perfect Service

ISBN 978 90 253 0289 4
NUR 683
www.uitgeverijathenaeum.nl
www.amboanthos.nl

# Inhoud

Voorwoord 7

Woord vooraf 11
Het ontstaan van Rome – Romulus en Remus 13

SPQR 14
Colosseum 17
Triomfboog van
 Constantijn 23
Forum Romanum 25
Palatijn 30
Via dei Fori Imperiali 32
Piazza Colonna 36
Mamertijnse gevangenis –
 Tullianum 36
Capitool 38
Ruiterstandbeeld van
 Marcus Aurelius 40
Theater van Marcellus 41
Portico d'Ottavia 42
Forum Boarium 42
Circus Maximus 44
Thermen van Caracalla 46
Pantheon 48

Piazza Navona 50
Tibereiland 52
Ara Pacis 54
Mausoleum van Augustus 55
Piramide van Cestius 56
Aureliaanse muur 58
Monte Testaccio 59
Engelenburcht 61
Thermen van Diocletianus 63
Esquilijn 64
Auditorium van Maecenas 65
Domus Aurea 65
Via Appia 67
Catacomben 70
Aquaducten 72
Mausoleum van Constanza 74
Porta Maggiore 76
Area Sacra dell'Argentina 78
Crypta Balbi 79

*Tegenover al de macht van Rome is er maar één stand in te nemen: de gevechtshouding. Anders word je door het marmer platgedrukt.*

Godfried Bomans

# Voorwoord

## VIA APPIA VIA SCHIPHOL

*'Nog afgezien van de ruige en onbekende zee: wie zou Azië, Afrika of Italië willen verlaten en naar Germanië gaan met dat woeste landschap, ruwe klimaat en treurige inrichting en aanblik? Of het moet je vaderland zijn.'*\*

Tacitus schildert onze contreien weinig aantrekkelijk. Toch kon het voor menigeen een reden zijn de reiskist te vullen en met eigen ogen te ontdekken wat de antieke auteur zijn lezers toevertrouwde. Weg van het eigene, op zoek naar het vreemde. De parallel met de hedendaagse migratiestromen dringt zich op. Historische bronnen en de materiële cultuur van de oudheid bieden een reflectie op de hedendaagse samenleving. De oudheid is een spiegel en fungeert als baken van identiteit. Tegenover die woeste, treurigstemmende Germaanse cultuur en natuur staat de Romeinse civilisatie, waar altijd de zon schijnt.

Onlangs was ik op werkreis. Op het vliegveld van München, onderweg naar Cyprus, zag ik een grote poster van het neoclassicistische Walhalla van Leo von Klenze. Op de Germaanse mythologie geïnspireerd, vormgegeven met het Parthenon als voorbeeld. Tacitus had zijn ogen niet geloofd. In het mediterrane gebied zag ik hoe de oudheid als toeristisch uithangbord dient en de identiteit van het land

---

\* Tacitus, *In moerassen & donkere wouden. De Romeinen in Germanië*, 34.

visualiseert. Op de luchthaven van Larnaca (Cyprus) wandelde ik langs een foto van het amfitheater bij Kourion. Een dag later zag ik, hoog gezeten in dat theater, in de diepte de zee liggen.

De citadel van Amman komt je tegemoet als je vanuit de gate de Queen Alia Airport in loopt. Nog geen twee uur later wandelden mijn collega en ik een rondje door Amman en bewonderden die antieke oase in het midden van de stadschaos, met in de verte het getoeter van taxi's. Vierentwintig uur later was ik in Athene. Op het vliegveld rolde de vloer langs immense billboards van het Parthenon. Weer een dag later deden enorme foto's op Fiumicino Airport me inzien hoezeer het beeld van Rome nog steeds bepaald wordt door het Colosseum. Maar na zeven dagen archeologie, oudheid, museumbezoek, onderhandelingen en kennismakingen was het tijd voor iets anders. In Museum MAXXI, het theater voor de moderne kunst in Rome, liet architecte Zaha Hadid mij dezelfde nederigheid ervaren als de oude amfitheaters. Met zo veel architectonische schoonheid om je heen word je klein. Terug op Schiphol zag ik onze nationale trots: reclames van ING, Rabo en Heineken, luchtfoto's van molens en tulpenvelden. Voor onze identiteit is er geen architectuur uit de oudheid. De vanzelfsprekendheid waarmee antieke overblijfselen op billboards de identiteit schragen (en de toerist behagen) is in het mediterrane gebied aan het verdwijnen. Zelfs in Jordanië is in het geschiedenisonderwijs geen ruimte meer voor onderricht over culturen uit de pre-islamitische periode. Zo wordt het een land met een geschiedenis van nog geen vijftienhonderd jaar.

'Reizen in de oudheid' is het thema van de negende editie van de Week van de Klassieken (7 t/m 15 april 2016). In Nederland en Vlaanderen wordt een keur aan activiteiten en evenementen georganiseerd: van tentoonstellingen tot lezingen, van de hilarische én hoogstaande Ken-Je-Klassiekenquiz tot verteltheater voor kinderen. Als kennismaking, voor hernieuwde interesse of om de kennis aan te scherpen. Onderneem uw eigen reis naar één van de deelnemende musea of pak uw koffers. Naar de Via Appia via Schiphol. Wandel met Luc Verhuyck door het antieke Rome. Luister naar zijn talrijke verhalen. Verdwaal in de oudheid.

Wim Weijland
Directeur Rijksmuseum van Oudheden


**Coördinatie negende Week van de Klassieken**
Tresoar Leeuwarden en Rijksmuseum van Oudheden
**Hoofdpartners**
Allard Pierson Museum, Athenaeum Boekhandel, Nederlands Klassiek Verbond, Vereniging Vrienden van het Gymnasium
**Overige Partners**
Museum Het Valkhof, Addisco Onderwijs, Lampas, Vereniging Classici Nederland, Uitgeverij Hermaion, Vici.org, Hereditas Nexus, Roma Aeterna
**Mediapartners**
Geschiedenis Magazine, De Groene Amsterdammer
**Sponsors**
Labrys Reizen (hoofdsponsor), Uitgeverij Athenaeum, AMBO|Anthos

# Woord vooraf

De naam Roma is een retrograde van Amor. Dat kun je nauwelijks toeval noemen, want Rome is een stad om lief te hebben. Gewoon in Rome zijn is op zich al een feest. Beide woorden zijn ook palindromen.

In Rome is veel te zien, heel veel, te veel misschien.

Sommige mensen zijn nooit in Rome geweest en zij voelen zich daar goed bij. Zij dwalen want zij weten niet wat ze missen. Bij dezen roep ik diegenen op die (nog) kerkelijk zijn om voor deze armen van geest te bidden opdat zij vooralsnog het licht zouden zien. Anderen zijn enkele dagen in Rome geweest, misschien zelfs een hele week, en zijn van mening dat ze de stad dus wel kennen. Het is niet overdreven om ook voor hen de goden aan te roepen om hen van dat vermetele waanbeeld te verlossen.

In SPQR, *Anekdotische reisgids voor Rome* heb ik in het 'Woord vooraf' het verhaal verteld van paus Leo XIII (1878-1903) die ooit, tijdens een audiëntie, aan een bezoeker de vraag stelde hoelang hij al in Rome was. In de overtuiging dat hij daarmee indruk zou maken op de paus antwoordde de aangesprokene zeer zelfbewust: 'Twee maanden.' Geïntrigeerd vroeg de Heilige Vader: 'En wat vindt u ervan?' De reiziger antwoordde: 'Zeer interessant, maar ik ken de stad nu wel', waarop de paus repliceerde: 'Sta me toe u daarmee te feliciteren. Ik ben hier nu ruim dertig jaar en ik begin stilaan een vermoeden te krijgen van wat Rome allemaal te bieden heeft.'

De zegswijze luidt: *Roma non basta una vita* en zo is het

ook. Rome is niet te doorgronden tijdens een mensenleven.

Mag ik je in dit beknopte gidsje meenemen op enkele wandelingen door het antieke Rome, waarmee direct gezegd is dat we ons tijdens dat tochtje zullen beperken tot de oudheid en dat we noodgedwongen aan de middeleeuwen, de renaissance, de barok zullen voorbijgaan. De lezer zal in dit boekje dus niets vinden over toeristische trekpleisters als de Trevifontein of de Spaanse trappen, het Vaticaan, de Sint-Pieter, de Vaticaanse musea of de Sixtijnse kapel en namen van beroemde kunstenaars als Michelangelo, Caravaggio, Rafaël of Bernini, die Rome zo virtuoos voorzien hebben van de schitterendste kunstschatten, zullen jammer genoeg helemaal niet of slechts terzijde voorkomen. Daarvoor verwijs ik graag naar SPQR, *Anekdotische reisgids voor Rome*.

Zoals in SPQR heb ik ernaar gestreefd ook in dit boekje veeleer de klemtoon te leggen op de anekdotiek die een stad als Rome kleurt, dan op de louter feitelijkheden. Aan een wetenschappelijke benadering heb ik mij niet gewaagd, daar zijn anderen gelukkig veel meer beslagen in dan ik, maar ik hoop dat deze publicatie de lezer een paar prettige en ontspannen uurtjes en enige verstrooiing kan bezorgen.

Kom, we begeven ons op weg, maar eerst iets over het ontstaan van de stad. Dat verhaal is weliswaar legendarisch, maar bewijst ook hoe de legende geschiedenis is geworden, want elke Romein zal je met trots vertellen dat zijn stad gesticht is door Romulus en Remus. En misschien noemt hij er de stichtingsdatum meteen bij: 21 april 753 v.Chr. Die dag is vastgesteld door de schrijver Marcus Terentius Varro (Reatinus) (116-27 v.Chr.), een vriend (?) en tijdgenoot van Cicero, en wordt nog steeds officieel gevierd.

## HET ONTSTAAN VAN ROME – ROMULUS EN REMUS

Koning Numitor van Alba Longa werd zeer benijd door zijn jaloerse jongere broer Amulius, die zelf aan de macht wilde zijn. Met veel geweld en wapengekletter slaagde hij erin om zijn oudere broer te verdrijven en zodoende de troon te veroveren. Maar erg gerust voelde hij zich niet. Om te voorkomen dat de zoon van Numitor de troon zou opeisen liet hij zijn neef ombrengen. Maar Numitor had ook een dochter, Rea Silvia. Opdat zij geen troonpretendenten op de wereld zou zetten verplichtte hij haar Vestaalse maagd te worden. Die mochten immers geen omgang hebben met mannen en als dat toch gebeurde werden ze levend begraven in kleine ondergrondse cellen die zich niet ver van het huidige Stazione Termini aan de Piazza dell'Indipendenza moeten hebben bevonden.

Vier jaar later echter beviel Rea Silvia van een tweeling, Romulus en Remus. Omdat de oorlogsgod Mars de vader bleek te zijn, waagde Amulius het niet over Rea Silvia een doodvonnis uit te spreken. Hij gaf zijn dienaren wel de opdracht om de tweeling in een rieten mandje te leggen en dat in de Tiber te gooien. Omdat de rivier juist op dat moment buiten zijn oevers was getreden, wat wel vaker gebeurde, konden de dienaren de hoofdstroom niet bereiken en dus lieten ze het mandje in het water wegdrijven. Na enige tijd bleef het mandje met daarin de tweeling haken aan een boomwortel. Dat was de *Ficus ruminalis*, een vijgenboom. (Het is de vijgenboom die oorspronkelijk bij de San Giorgio in Velabro bij de Piazza Bocca della Verità stond maar werd verplaatst en nu rechts voor het senaatsgebouw op het Forum Romanum staat.) Een wolvin, die zelf jongen had, kwam op het gehuil van de hulpeloze baby's af en zoogde hen. De herder Faustulus trof de tweeling aan en, omdat zijn vrouw Larentia en hijzelf een onvervulde kinderwens hadden, besloot hij de kinderen mee naar huis te nemen en daar werden zij opgevoed en grootgebracht. Toen Romulus en Remus volwassen waren slaagden ze erin Amulius te verdrijven en hun grootvader Numitor terug op de troon te brengen. De tweeling besloot om een stad te stichten op de plaats waar ze waren opgevoed. Romulus zou zich op de Palatijn vestigen, Remus op de Aventijn, maar in een broedertwist over wie de stad zijn naam mocht geven en wie het gezag erover zou uitoefenen doodde Romulus zijn broer. Kort daarna moet de Sabijnse maagdenroof hebben plaatsgevonden.

Ook in die tijd werd er door de mensen die elkaar ontmoetten in de straten van Rome en op het Forum Romanum, het centrum van het sociale leven waar men alles te weten kon komen over wat zich in het Rijk afspeelde, gepraat, gekletst en geroddeld. Romulus en Remus waren immers de kinderen van een *lupa*. Dat betekent niet alleen wolvin, maar ook hoer; in het roddelcircuit beschouwden sommigen Rea Silvia als een hoer omdat zij als Vestalin niet gestraft was en voor anderen sloeg lupa op Larentia, die nogal een losbandige reputatie had.

Hoe het ook zij, de Romeinen hebben die problematiek handig opgelost. Je hangt je geschiedenis immers niet op aan een hoer; een wolvin is in dezen een betere keuze, en zo is de legende geschiedenis geworden.

Rome is genoemd naar zijn stichter Romulus. Het Etruskische achtervoegsel *-ulus* betekent 'stichter van'. Ook de naam Remus is trouwens etymologisch verwant met Roma.

SPQR

Wie al in Rome geweest is, heeft natuurlijk vastgesteld dat deze opmerkelijke lettercombinatie overal in de stad voorkomt. De letters staan te lezen op bijna alles wat met de stad te maken heeft: deksels van nutsvoorzieningen, reclamepanelen, krantenstalletjes, publieke vuilnisbakken, verlichtingspalen, zitbanken, autobussen, taxi's, politiehelmen en -uniformen enzovoort. Bovendien staat de lettercombinatie op de gevel van enkele kerken die een bijzondere band hebben met de stad en voetbalclub AS Roma gebruikt de letters op supportersvlaggen en -sjaals. Als je dat allemaal ontgaan is, dan schort er iets aan je gezichtsvermogen en kun je maar beter een afspraak bij de oogarts maken, of je was te druk met andere dingen (je smartphone?) zodat je een tikkeltje verstrooid en onnadenkend door de stad gelopen hebt.

De afkorting staat voor SENATUS POPULUSQUE ROMANUS, de Senaat en het Volk van Rome. Voor wie nooit Latijn geleerd heeft, het aan *populus* geplakte *que* is hetzelfde als *et*, hetgeen en betekent. Op het Forum Romanum staat de uitdrukking voluit op de Titusboog en op de Tempel van Saturnus.

De lettercombinatie gaat al meer dan tweeduizend jaar mee: ze stond op de standaarden van de Romeinse legioenen, op hun banieren en soms op de keizerlijke troon. In de film *Gladiator* (2000) van Ridley Scott staat SPQR getatoeëerd op de bovenarm van de gladiator Maximus, vertolkt door Russell Crowe. Toch zouden de Romeinen de letters zelf ontleend hebben aan de Sabijnen, die met *Sabinis Populis Quis Resistet?* (Wie weerstaat het Sabijnse volk?) hun macht in de verf wilden zetten.

Italianen die een bepaalde na-ijver op de hoofdstad voelen maken van de afkorting ook wel *Sono Porci Questi Romani* (Die Romeinen zijn varkens). En omdat er nog steeds een grote invloed uitgaat van de kerk zeggen sommigen *Sono Preti Questi Romani* (Die Romeinen zijn priesters). De Romeinse volksdichter Giuseppe Gioachino Belli (1791-1863), die in het Romeinse dialect schreef, maakte er in zijn sonnet 'SPQR' uit 1833 *Solo Preti Qui Regnano* (Hier regeren alleen priesters) van. Van Belli's interpretatie naar *Solo Papi Qui Regnano* (Hier regeren alleen pausen) is een kleine stap. Varianten zijn in de loop der jaren ook geweest *Sapiens/Stultus/Senex Populus Quaerit Romam* (Wijs/Dom/Oud volk verkiest Rome). Er bestaan ook *Salus Papae Quies Regni* (Het welzijn van de paus is het heil van het rijk) en *Sanctus Petrus Quiescit Romae* (De heilige Petrus rust in Rome).

Toen de pausen in 1870 de pauselijke staat en hun wereldlijke macht kwijtraakten meldde het sprekende beeld Pasquino *Sanctus Pater Quondam Rex* (Heilige Vader, vroeger koning).

De interpretaties zijn zeer gevarieerd. Op de Franse renaissance-auteur François Rabelais maakte Rome niet veel indruk, want hij maakte ervan *Si Peu Que Rien* (Zo goed als niets). En omdat Rome wemelt van de souvenirverkopers werd er in het Engels van gemaakt *Small Profits Quick Returns* (Kleine winsten, snelle omzet). Kreunend onder het massatoerisme verzuchten Romeinen die dat beu zijn wel eens *So Please Quit Rome* (Verlaat alstublieft Rome). Maar er zijn ook nog *Senza Papi Quadrini Rari* (Zonder pausen weinig centen) en *Se Portate Querela Retrocedete* (Als je herrie brengt scheer je weg). In de Italiaanse versies van de strip *Asterix de Galliër* van René Goscinny en Albert Uderzo kreeg de combinatie als invulling *Sono Pazzi Questi Romani* (Die Romeinen zijn gekken), in het Nederlands creatief vertaald als *Rare jongens die Romeinen*.

Bij één interpretatie van SPQR hoort de retrograde RQPS: *Sancte Pater Quare Rides* (Heilige Vader waarom lach je?). *Rido Quia Papa Sum* (Ik lach omdat ik paus ben). Het had een uitspraak kunnen zijn van de Medici-paus Leo X (1513-1521), een zoon van Lorenzo Il Magnifico, want van hem is bekend dat hij bij zijn verkiezing besloot om van het pausdom te genieten.

Tot slot: de beroemde lettercombinatie werd overal met grote gretigheid geadopteerd. SPQA zie je in Amsterdam, Alkmaar en Antwerpen, SPQB in Brussel, Brugge, Bremen en Benevento, SPQC in Capua en Catania, SPQD in Diksmuide, SPQF in Florence, SPQG in Groningen, SPQH in Haarlem en Den Haag, SPQL in Londen, Liverpool en Luzern, SPQM in Mechelen, SPQP in Pisa en Palermo, SPQR in Rotterdam, SPQS in Siena en Syracuse, SPQV in Verviers en Wenen (Vienna)...

En nu echt op weg!

## COLOSSEUM

Laat ons beginnen bij het Colosseum, de indrukwekkendste Romeinse arena ter wereld en ook de beroemdste, maar niet de oudste. Het Colosseum is gebouwd in een voormalige, kunstmatige vijver van het Gouden Huis van Nero. De architect van het Colosseum zou een zekere Gaudentius geweest zijn, die later als christen in zijn eigen arena stierf. In de kerk Santi Luca e Martina, opzij van het Forum naast de boog van Septimius Severus en tegenover de Mamertijnse gevangenis, bevindt zich ondergronds een inscriptie waarop staat vermeld dat keizer Vespasianus een premie uitlooft aan wie de architect om het leven zou brengen. Algemeen wordt aangenomen dat ze apocrief is.

Keizer Vespasianus liet de bouw van het amfitheater beginnen in het jaar 72. Hij zette twaalfduizend joodse dwangarbeiders aan het werk en ongelooflijk maar waar, in 80, na nauwelijks acht jaar werk, was het gebouw klaar. Naar het schijnt omdat men, zoals dat in zuidelijke landen nog steeds gebeurt, eerst een soort skelet met pijlers had gebouwd dat daarna werd opgevuld, zodat voortdurend en tegelijkertijd acht ploegen van werklieden aan de slag bleven. Onder de bakstenen mantel die nadien bekleed werd met marmer gebruikten de Romeinen al een soort beton. Het hoofdingrediënt daarvan was zand van vulkanische oorsprong uit de baai van Napels, een specie die zelfs onder water uithardde. Om het ruim vijftig meter hoge gebouw met vier verdiepingen te kunnen optrekken maakte men gebruik van primitieve hijskranen, tredmolens en windassen die werden aangedreven door dieren, maar vaak ook door slaven. Het Colosseum heeft een omtrek van maar liefst 527 meter.

Het gebouw heeft op de begane grond Dorische, op de eerste verdieping Ionische en op de tweede verdieping Korinthische zuilen. De bovenste verdieping heeft geen bogen, maar vierkante Korinthische zuilen die half in de muren zijn verzonken, wat het beste te zien is aan de achterzijde. In de nissen op de eerste en tweede verdieping stonden beelden. De buitenmuren waren bekleed met marmer en travertijn. De gaten die je aan de buitenzijde kunt zien zijn veroorzaakt door krammen die de marmeren bekleding en opschriften vast moesten houden.

De kosten werden betaald met de oorlogsbuit die Vespasianus' zoon Titus bij de verovering van Jeruzalem in 70 had meegebracht met daarbij onder andere de menora, de zevenarmige kandelaar van massief goud, het symbool van het jodendom. In een triomftocht over het Forum Romanum werd de buit aan de juichende Romeinse bevolking getoond. Aan de binnenzijde van de Triomfboog voor Titus op het Forum staat deze stoet met de menora uitgebeeld.

Vespasianus was in 79 overleden en hij werd opgevolgd door zijn zoon Titus, die slechts twee jaar keizer was, van 79 tot 81. Tijdens zijn regeerperiode werd in 79 Pompeii van de kaart geveegd door een uitbarsting van de Vesuvius, toch een ijkpunt in de geschiedenis. Hem kwam ook de eer toe om het Colosseum op 21 april 80, de verjaardag van de stad, officieel in te wijden met spelen die maar liefst honderd dagen duurden. Daarbij traden honderden gladiatoren op en werden circa vijfduizend wilde dieren ingezet. De uit Spanje afkomstige Latijnse schrijver Martialis (circa 40-104) schreef in 80 zijn *Liber Spectaculorum* (ook bekend als *Liber de Spectaculis*) tweeëndertig gedichten over de inwijding van het Colosseum.

Over het Colosseum bestaan enkele misvattingen. Zo luidt de officiële naam van het bouwwerk niet Colosseum maar Amfitheater der Flaviërs, het geslacht waar Vespasianus en Titus en diens broer en opvolger Domitianus deel van uitmaakten. De naam Colosseum dankt het theater aan de Angelsaksische monnik Beda Venerabilis, een van de kerkleraren, die de term in de achtste eeuw voor het eerst gebruikte. Hij had betrekking op een reusachtig, vijfendertig meter hoog verguld bronzen beeld van de naakte Nero dat hier (naast het Colosseum) met de inzet van achtentwintig olifanten was geplaatst. Het was een werk van de Griekse beeldhouwer Zenodorus van Rhodos, geïnspireerd op de Kolossos van Rhodos, een van de zeven wereldwonderen. Het verhoogde rechthoekige plantsoentje met daarop een paar bomen aan de noordwestelijke zijde van de arena geeft het grondvlak van de sokkel aan.

Een andere hardnekkige mythe is dat christenen in het Colosseum systematisch werden uitgeroeid. Als vijanden van de staat konden zij wel tot de arena veroordeeld worden. Zij moesten het dan vaak opnemen tegen geoefende gladiatoren of wilde dieren, zodat zij op voorhand zo goed als kansloos waren.

Het Colosseum had tachtig genummerde ingangen en bood plaats aan vijftig- tot zeventigduizend toeschouwers, daarover verschillen de bronnen van mening. Aan de noordzijde van het gebouw zijn de genummerde bogen nog te zien. De ingang van de keizer en zijn gevolg droeg geen nummer. Hij bevindt zich tussen de bogen 38 en 39. Door de ingang daartegenover kwamen senatoren, magistraten en andere gezagsdragers binnen. Op de terracotta, houten, benen of stoffen toegangskaartjes (het Colosseum was bijna vierhonderdvijftig jaar in gebruik) stonden de nummers van de ingang, de verdieping en de rij. Dankzij die efficiënte nummering kon het amfitheater in nauwelijks tien minuten leeglopen. Uit politieke overwegingen was de toegang meestal gratis. Juvenalis (circa 60-circa 135) sprak al van *Panem et Circenses* (Brood en Spelen). Hij bedoelde ermee dat men de Romeinen koest kon houden door hen van eten te voorzien en hen van de echte problemen af te leiden door spectaculaire optredens.

Het amfitheater kon worden overdekt tegen de felle zon. Men heeft lang gedacht dat dat gebeurde met een zeildoek uit één stuk, maar dat is vanwege het gewicht vrijwel uitgesloten. Het zullen veeleer stroken canvas zijn geweest. Waar de buitenste mantel van het Colosseum nog intact is kun je in de kroonlijst vierhoekige gaten zien (er waren er in totaal tweehonderdveertig) waarin metalen balken stonden, die rustten op de consoles een paar meter lager. Die overdekking werd bediend door matrozen van de Romeinse vloot die in Misenum bij Napels zijn basis had, omdat zij ervaring hadden met het bedienen van reusachtige zeilen. Aan de oostelijke zijde zijn nog enkele grote stenen meerpalen te zien waaraan ze de touwen konden vastmaken.

Weliswaar was het Colosseum voor iedereen toegankelijk, maar er waren verschillende toeschouwersrangen. Het dichtst bij het spektakel zaten de keizer en zijn familie in een luxueuze loge. De senatoren, magistraten, Vestalinnen enzovoort zaten eveneens op de eerste rang op marmeren banken. De tweede rang met bakstenen zitjes was voor de adel en de officieren, de derde voor de patriciërs, de vierde voor het plebs. Dat vrouwen op de hoogste verdieping op houten bankjes zaten, is intussen achterhaald. Mannen en vrouwen zaten door elkaar. Er bevonden zich op het hoogste niveau wel staanplaatsen.

Aan de zuidzijde ontbreekt de buitenste mantel omdat tijdens de vele eeuwen van leegstand heel wat Romeinen het Colosseum beschouwden als een plek waar kosteloos bouwmateriaal kon worden gehaald. Paus Benedictus XIV (1740-1758) maakte een einde aan die misbruiken en liet een groot kruis in de arena plaatsen. Dat staat nu op de plaats van de keizerlijke loges.

De eigenlijke arena is zesentachtig meter lang en vierenvijftig meter breed. *Arena* is in verschillende Romaanse talen een gewoon woord voor zand. De bodem van het strijdperk was ermee bedekt omdat zand het best bloed opslorpte. De woordbetekenis ging over op het gehele amfitheater. In de opengelegde arena zie je restanten van kerkers en kooien. Daar zaten de wilde dieren en vaak ook de tot de arena veroordeelde gevangenen. Met een liftsysteem werden ze door valluiken in het strijdperk gedreven. Rond de arena stond een hek om te beletten dat de wilde dieren bij de toeschouwers zouden kunnen komen. Dat werd bewaakt door boogschutters.

In het Colosseum vonden verschillende soorten spektakel plaats. Helemaal in het begin moeten er geënsceneerde zeeslagen zijn opgevoerd, want naar verluidt zijn de ondergrondse kerkers pas later uitgegraven. Gevechten tussen gladiatoren kwamen het meest voor, maar zij namen het ook op tegen wilde dieren.

De Romeinen hadden een voorkeur voor bloedige spektakels. Seneca schreef circa 50 (dus voor het Colosseum gebouwd was) in een brief hoe bij wijze van volksvermaak in het amfitheater ongewapende mensen gewoon werden omgebracht of zonder meer werden gewurgd. Executies waren vaste prik en zo goed als naakte veroordeelden werden al dan niet vastgebonden door uitgehongerde wilde dieren verscheurd.

De gladiatoren waren meestal beroepsmensen. Hun naam is afgeleid van het Latijnse *gladius*, dat zwaard betekent, zwaardvechters dus. De meest succesrijke waren in heel het Romeinse rijk bekend, genoten veel aanzien en hadden volgens Juvenalis grote aantrekkingskracht op vrouwen. De meesten stonden echter onder aan de sociale ladder. Zij waren vaak slaven of veroordeelde misdadigers die zich omschoolden tot gladiator om aan de armoede te ontkomen. Er waren drie soorten strijders, de zogenaamde Thraciër (met een helm, een kort kromzwaard en een klein rond schild), de Vissenman (met een groot lang zwaard en een rechthoekig schild) en de Retiarius (met een drietand en een net). Elke gladiator moest bedreven zijn in de drie disciplines, maar er waren ook speciale dierenvechters. Om het spektakel (en de pret) te vergroten werden af en toe ook vrouwen, blinden, dwergen of kreupelen ingezet.

Gladiatoren waren meestal in dienst van een soort impresario, een *lanista*, met wie de organisatoren een prijs afspraken. Omdat de lanista in zijn gladiatoren moest investeren voor training en onderhoud betekenden zijn vechters zijn kapitaal. Hoewel hier vaak geklonken moet hebben: '*Ave Caesar, morituri te salutant*' (Heil Keizer, zij die gaan sterven groeten u) – Suetonius vertelt dat – zal de lanista hebben willen vermijden dat er veel doden vielen; hij zal waarschijnlijk vaak hebben afgesproken om de overwonnenen in leven te laten, ook al waren gevechten zonder doden geen publiekstrekkers. Het bekende teken met de duim lijkt veeleer een moderne interpretatie. Toch stierf per schouwspel ongeveer één gladiator op zes. Slechts een kwart van de gladiatoren leverde meer dan tien gevechten, de andere driekwart verloor het leven eerder. Gladiatoren traden slechts twee tot drie keer per jaar op. Wie op zijn zeventiende debuteerde, werd waarschijnlijk geen vijfentwintig.

Lijken van mensen en dieren werden door de oostelijke poort afgevoerd door dienaren die verkleed waren als Charon, de veerman van de onderwereld. De overwinnaars stapten door de westelijke poort naar buiten, waar ze zich aan de Meta Sudans, een sijpelende fontein waarvan de structuren nog naast de Triomfboog van Constantijn te zien zijn, konden opfrissen.

Er zijn in de oudheid, meestal per schip, zoveel wilde dieren geïmporteerd om in de arena op te voeren, dat de Noord-Afrikaanse olifant toen al is uitgestorven. Naar aanleiding van het duizendjarig bestaan van Rome in 247 bestreden duizend paar gladiatoren elkaar en werden bijna tweehonderdvijftig dieren ingezet, waaronder olifanten, leeuwen, tijgers, luipaarden en zelfs giraffen, nijlpaarden en een neushoorn.

Keizer Constantijn schafte de gladiatorengevechten in 325 af, maar daarmee was het geweld niet echt voorbij. In 404 sprong de priester Telemachus in de arena om de gruwelen aan te klagen. Hij werd ter plekke gestenigd, maar zijn actie had keizer Honorius toch niet onberoerd gelaten want hij maakte een einde aan de bloedige gevechten en slachtingen. Gevechten tussen dieren vonden echter nog plaats tot 523.

### TRIOMFBOOG VAN CONSTANTIJN

Deze triomfboog is de best bewaarde van de drie nog bestaande; de andere twee zijn die voor Titus en die voor Septimius Severus, allebei op het **Forum Romanum**. Hij werd opgericht in 315 ter herdenking van de overwinning die keizer Constantijn op 28 oktober 312 bij de Milvische brug in het noorden van Rome behaald had op zijn rivaal, zwager en medekeizer Maxentius. Constantijn en Maxentius waren samen aan de macht gekomen in 306. Het keizerschap van Maxentius eindigde dus in 312, dat van Constantijn liep tot 337.

De troepenmacht van Maxentius overtrof vele malen die van Constantijn, zodat deze laatste eigenlijk kansloos was. Maar op de vooravond van de veldslag zag Constantijn aan de hemel een lichtend kruis verschijnen met daarin de woorden IN HOC SIGNO VINCES (In dit teken zult u overwinnen) en Constantijn zegevierde inderdaad. Het zou hem ertoe hebben aangezet zich tot het christendom te bekeren en zich te laten dopen door paus Silvester I. Of dat inderdaad klopt, blijft een punt van discussie, maar in ieder geval tolereerde hij in 313 bij het Edict van Milaan het christendom, waardoor de vervolgingen ophielden. Daarom wordt hij beschouwd als de eerste christelijke keizer en kreeg hij in de westerse kerk de toevoeging de Grote bij zijn naam. Constantijn stichtte ook een nieuwe rijkshoofdstad, het naar hem genoemde Constantinopel (nu Istanbul in Turkije).

Aan Constantijn danken we ook het woord soldaat (*solidatus*), in oorsprong een lid van zijn lijfwacht; een soldaat is iemand die met soldij wordt betaald. Nadat het geld voortdurend in waarde verminderd was, voerde Constantijn een nieuw en volwaardig goudstuk in, de *solidus*, waarmee hij zijn keursoldaten vergoedde; het woord solide is ervan afgeleid.

Dit monument van tweeëntwintig meter breed en vijftien meter hoog is gemaakt met het marmer van verdwenen triomfbogen van andere keizers, te weten Trajanus, Hadrianus en Marcus Aurelius. De gelaatstrekken van die keizers werden veranderd in die van Constantijn.

Omdat er gebruik werd gemaakt van een bestaande triomfboog van Hadrianus waar een verdieping bovenop geplaatst is, wat je kunt zien aan het verschil in kleur, beelden zeven van de acht medaillons scènes uit van keizer Hadrianus met zijn jonge vriend Antinoüs.

Sommigen beweren dat op deze triomfboog ooit de bronzen paarden hebben gestaan die nu de voorgevel van de San Marco in Venetië sieren. Constantijn had ze vanuit Rome naar Constantinopel laten overbrengen vanwaar de Venetianen ze in 1204 als oorlogsbuit hebben meegenomen. Volgens sommige bronnen stonden ze oorspronkelijk op een verdwenen triomfboog voor Nero.

Tot 1936 stond voor de triomfboog aan de zijde van het Colosseum de **Meta Sudans**, een hoge kegelvormige fontein waar ooit een bronzen bol bovenop stond waaruit water sijpelde. Zoals gezegd konden de gladiatoren zich hier na hun gevecht komen wassen en opfrissen. Mussolini liet de fontein afbreken omdat ze in de weg stond wanneer zijn troepen onder de triomfboog door moesten paraderen. De schaarse overblijfselen zijn nog op straatniveau te zien.

## FORUM ROMANUM

Als je het Forum Romanum betreedt vanaf de Via dei Fori Imperiali dan ga je een helling af. Je kunt meteen vaststellen hoeveel lager het straatniveau van de oudheid lag. Dat kan vijf tot twaalf meter afwijken van het huidige. Het Forum is ook maar langzaam gegroeid. Tussen het oudste monument en het meest recente liggen verschillende eeuwen. Na de ondergang van het Romeinse rijk raakte het Forum, in de oudheid het centrum van het publieke leven, in verval. Er stonden koeien te grazen waardoor de Romeinen ernaar verwezen als het Campo Vaccino of de koeienweide. Ook van het Forum werden bouwmaterialen geroofd om er elders mee te bouwen. Vanaf de vijftiende eeuw werd er opnieuw op het Forum gebouwd en gewoond. Toen het vanaf de negentiende eeuw systematisch werd blootgelegd was dat voorbij.

Rechts van de helling ligt de **Basilica Aemilia**, een soort beursgebouw. Hij dateert van 179 v.Chr. In de vijfde eeuw brandde hij af en werd toen kennelijk in paniek verlaten want in de vloer zijn nog gesmolten munten te zien.

Beneden aan de helling zie je links de **Tempel van Antoninus en Faustina** uit 141. *Divo* en *Divae*, wat je voorafgaand aan de namen van het keizerspaar op de traveeën boven de zuilen kunt lezen, betekent dat ze vergoddelijkt zijn. Keizerin Faustina was als eerste gestorven en Antoninus Pius wijdde de tempel aan zijn gade. Toen hij in 161 zelf overleden was, heeft men er een travee bovenop gelegd. In de tempel is de San Lorenzo in Miranda ingebouwd. De kerk steekt boven het antieke heiligdom uit omdat men daarmee het overwicht van het christendom op het heidendom wilde verbeelden. In het relatief zachte cipollini-marmer (zo genoemd omdat de marmerstructuur aan *cipolle* of uien doet denken) zie je de slijtsporen van de touwen waarmee de zuilen zijn versleept.

Tegenover de tempel liggen de schaarse overblijfselen van de **Regia** (het koninklijke huis) of het **Huis van de Pontifex Maximus** (letterlijk de hoogste bruggenmaker), de opperpriester, een eretitel die door de pausen is overgenomen. Van hieruit vertrok Julius Caesar, die Pontifex Maximus was, op de *Iden* van maart (15 maart) 44 v.Chr. naar de senaatsvergadering bij het Theater van Pompeius waar hij met drieëntwintig dolksteken werd vermoord.

Je loopt nu over de zogenaamde **Via Sacra**, de Heilige Weg, omdat Romulus en de Sabijn Tatius zich hier verzoenden. De Sabijnen kwamen wraak nemen op de Romeinen die, in wat bekendstaat als de Sabijnse maagdenroof, hun dochters hadden ontvoerd. Romulus' vrouw Hersilia wierp zich echter tussen de tegenover elkaar staande partijen en bezwoer hen elkaar niet uit te moorden.

Richting Colosseum staat links de **Tempel van Romulus**, de jonggestorven zoon van keizer Maxentius, met de originele bronzen deuren uit de oudheid. De ruimte erachter maakt nu deel uit van de Santi Cosma e Damiano.

Weer een eind verder links bevinden zich de ruïnes van de **Basiliek van Maxentius** of **Basiliek van Constantijn**, bestemd voor handel en rechtspraak, waarvan alleen nog de rechter zijbeuk bestaat. Het gebouw was vijfendertig meter hoog, maar stortte in de negende eeuw gedeeltelijk in.

De **Titusboog** uit 81 werd opgericht om Titus' verovering van Jeruzalem te vereeuwigen. Tot 1821 was de triomfboog aangebouwd. De beide zijkanten zijn reconstructies van Giuseppe Valadier uit die periode.

Als je vanaf de Regia de andere richting uit gaat kom je links langs de **Tempel van Caesar**. Hij staat op de plek waar Caesars lichaam na de moordaanslag in 44 v.Chr. werd verbrand. Op de terp onder het afdak leggen bezoekers ook nu nog bloemen neer.

Je loopt nu naar de **Triomfboog van Septimius Severus** uit 203, opgericht om diens overwinning op de Parthen te herdenken. Het is nauwelijks te geloven, maar het Forum was zo overwoekerd dat voor de opgravingen de beide zijbogen niet eens meer zichtbaar waren en in de middelste boog was een barbier gevestigd.

Op de vierde regel van het lange opschrift boven op het monument lijkt wat geknoeid te zijn. Dat komt omdat de keizer zijn beide zonen Caracalla en Geta op de boog had laten vermelden, maar Caracalla trok de macht naar zich toe en vermoordde zijn broer, naar het schijnt in de armen van hun beider moeder. Hij sprak tevens over hem een *Damnatio Memoriae* uit, een veroordeling van alle herinneringen, zodat Geta's naam diende te worden verwijderd.

Links, juist voor de triomfboog, zie je de **Rostra**, een verhoogd sprekerspodium, zo genoemd naar de scheepssnebben van buitgemaakte oorlogsschepen die hier werden tentoongesteld. Toen Cicero na zijn *Philippicae* (veertien redevoeringen tegen Marcus Antonius) in 43 v.Chr. was omgebracht, werden zijn hoofd en handen aan de Rostra bevestigd als waarschuwing voor anderen. Fulvia, de derde echtgenote van Marcus Antonius, stak een *fibula* (haarspeld) door de tong van de redenaar.

Rechts van de triomfboog staat de **Curia**, het senaatsgebouw waar beslissingen van wereldbelang genomen zijn. (Het is geen toeval dat het kerkelijke bestuursapparaat de curie heet.) Ten tijde van de moord op Caesar werd het op zijn bevel verbouwd. Het gebouw overleefde de eeuwen bijna intact omdat paus Honorius I er in 630 een kerk van gemaakt had, de Sant'Adriano. De deuren zijn kopieën van de originele die Francesco Borromini heeft gebruikt voor de Sint-Jan van Lateranen.

Op het **Comitium**, de ruimte vóór de Curia, kun je de **Lapis Niger** (zwarte steen) zien, waaronder zich het graf van Romulus zou bevinden en dat van de herder Faustulus, die de tweeling had geadopteerd. Vlakbij staat ook de **Ficus Ruminalis**, de vijgenboom waaraan het mandje met Romulus en Remus bleef haken. Die werd van elders naar hier verplaatst; steeds wanneer hij doodgaat wordt de boom vervangen.

Als je voorbij de boog van Septimius Severus naar links loopt, dan zie je vóór je de acht zuilen van de **Tempel van Saturnus**, waar SPQR voluit op te lezen staat. Daar werden de Romeinse schatkist en de heilige wapens bewaard.

De drie Korinthische zuilen meer naar rechts zijn wat overgebleven is van de **Tempel van Vespasianus** en links daarvan staan nog negen zuilen van de **Portico degli Dei Consenti** (Portiek van de goden-raadgevers) ter ere van de twaalf goden die de oppergod Jupiter bijstonden. In de oudheid stonden hun beelden tussen de zuilen. Beide monumenten waren opgericht door Vespasianus' zoon Domitianus.

Rechtsboven zie je de achterzijde van het stadhuis van Rome. De hoge bogen onder het stadhuis maken deel uit van het **Tabularium** uit 78 v.Chr., het Romeinse archief waar alles werd bewaard wat het Rijk aanging: wetteksten, (vredes)verdragen, aktes enzovoort.

Vlakbij staat nog een klein gedeelte van de **Miliarum Aureum**, een zuil waarop de afstanden tot andere rijksteden stonden vermeld. Daaraan ontlenen we de uitdrukking: 'Alle wegen leiden naar Rome'.

Ga je hier weer naar links dan staat rechts de **Basilica Iulia**, genoemd naar Julius Caesar, een gerechtsgebouw dat ooit twee verdiepingen had. Op de traptreden speelden bezoekers met domino's en ze dobbelden er. Hier en daar zijn in de treden speelborden gekrast, onder meer een soort damspel. Keizer Caligula zou vanaf het dak munten naar de gretige Romeinen hebben gegooid omdat hij het zo leuk vond hen erom te zien vechten.

Hier tegenover staat de **Phocaszuil** uit 608, het recentste monument van het Forum. De Oost-Romeinse keizer Phocas schonk het Pantheon aan paus Bonifatius IV, die er een kerk van maakte, de Santa Maria ad Martyres.

Vlakbij lag het **Lacus Curtius** (het meertje van Curtius) genoemd naar de moedige jongeman Marcus Curtius, die zich in vol militair ornaat in de opengespleten aarde stortte om de stad voor meer onheil te behoeden. In januari 69 werd hier keizer Galba, de opvolger van Nero, vermoord.

Rechtdoor zie je drie zuilen, alles wat nog over is van de **Tempel van Castor en Pollux**, de Dioscuren, halfgoden die voortleven in het sterrenbeeld Tweelingen. Zij waren geboren uit het samengaan van Leda en de Zwaan. (Leda was de vrouw van de Spartaanse koning Tyndareos; de oppergod Zeus/Jupiter, die niet afkerig was van een slippertje, had om haar te bekennen de gedaante van een zwaan aangenomen.)

In de bestrating is nog te zien waar een verdwenen triomfboog voor Augustus de Via Sacra overbrugd heeft.

Je staat nu voor de restanten van de oorspronkelijk ronde **Vestatempel** waar het eeuwige vuur brandde. De Vestalinnen of Vestaalse maagden waren priesteressen van Vesta, de godin van de huiselijkheid. Ze waren verantwoordelijk voor dat vuur en voor zuiver water. Deze zes (later zeven) jonge vrouwen tussen twintig en dertig jaar oud stonden zeer hoog in aanzien.

Rechts daarachter bevindt zich aan de voet van de Palatijn het **Huis van de Vestaalse maagden**, een soort klooster met circa vijftig kamers. Vestalinnen werden tussen hun zesde en tiende door de Pontifex Maximus uitgeloot uit twintig kandidaten uit patriciërsfamilies. Tussen hun tiende en twintigste werden ze opgeleid, vervolgens waren ze tien jaar in actieve dienst en tussen hun dertigste en veertigste stonden zij in voor de opleiding van de novicen. In het atrium van het huis staan nog de sokkels met (fragmenten van) beelden van Vestalinnen en zie je nog de vijvertjes waarin ze zuiver water moesten bewaren.

Bij het verlaten van hun Huis sta je aan de andere zijde van de Regia.

## PALATIJN

De vijftig meter hoge Palatijn was na het Capitool de belangrijkste van de zeven heuvels van Rome. Hij verheft zich tussen het Circus Maximus in het zuiden en het Forum Romanum in het noorden. Volgens de overlevering had Romulus, de stichter van Rome, zich er al gevestigd en de oudste opgravingen zijn te dateren in de helft van de achtste eeuw v.Chr., wat precies overeenkomt met de stichting van Rome in 753 v.Chr. Keizers, senatoren, consuls, magistraten en andere vooraanstaande figuren woonden meestal op de Palatijn, zoals Caesar, Augustus, Tiberius, Caligula, Nero, Marcus Antonius en Cicero om er maar enkele te noemen. Vanaf het Forum Romanum zie je boven het Huis van de Vestaalse maagden de nog niet uitgegraven resten van het paleis van Tiberius.

In de oudheid bevond de toegang tot de Palatijn zich ter hoogte van waar de Triomfboog voor Titus staat. Daar begint een steile weg naar boven, de **Clivus Palatinus**.

Op de Palatijn bevindt zich een aantal bijzonder interessante antieke resten. Zo is er het huis van Augustus' tweede vrouw Livia. Het **Stadion van Domitianus** zou gebruikt zijn voor loopwedstrijden, al zeggen sommigen dat het gewoon een tuin was. Sint-Sebastiaan zou er doodgeknuppeld zijn toen hij de pijlenregen waarmee hij doorboord was (en waarmee hij traditioneel wordt afgebeeld), overleefd had. Het paleis van Domitianus moet zo luxueus en uitgestrekt geweest zijn dat Martialis vertelt dat hij liever bij Domitianus te gast zou zijn geweest dan bij de oppergod Jupiter. Verder lagen hier het indrukwekkende paleis en de **Thermen van Septimius Severus**, van waaruit je een schitterend uitzicht hebt op het Circus Maximus (al is van dat laatste jammer genoeg niet echt veel overgeleverd).

De **Cryptoporticus** is een lange, gedeeltelijk onderaardse gang die Nero had laten aanleggen om zijn Domus Aurea te verbinden met de Palatijn. Bij of in de Cryptoporticus werd in 41 de gestoorde keizer Caligula vermoord door samenzwerende praetorianen van zijn keizerlijke garde waarvan er veel afkomstig waren uit de lage landen waar ze gerekruteerd waren vanwege hun hondsheid. De leuze van de negenentwintigjarige Caligula luidde *'oderint dum metuant'* (laten ze me maar haten, zolang ze me maar vrezen). Ooit liet hij blijkbaar mensen uit het publiek voor de wilde dieren werpen toen er niet voldoende veroordeelde misdadigers voorhanden waren en bekend is ook dat hij zijn paard Incitatus tot consul wilde benoemen. Met zijn echte naam heette hij Gaius Caesar Germanicus. Naar de soldatenlaarsjes die hij droeg werd hij Caligula genoemd, een verkleinwoord van *caliga*.

Verder is er op de Palatijn een klein, maar bijzonder boeiend museum te bezoeken, het zogenaamde **Antiquarium**.

Boven het Forum liggen op de Palatijn ook de tuinen van de familie Farnese, maar die zijn vanzelfsprekend veel recenter en dateren van de zestiende eeuw.

Zoals in vele andere westerse talen is ook in het Nederlands het woord paleis afgeleid van *palatinus* of *palatium*.

## VIA DEI FORI IMPERIALI

Voor de Tweede Wereldoorlog heette de straat Via dell'Impero. Omdat de weg langs en boven de keizerlijke fora loopt, is voor de huidige naam gekozen.

Onderweg van het Colosseum naar het Forum Romanum hangen links tegen de muur van de Basiliek van Constantijn vier landkaarten die daar door Antonio Muñoz in opdracht van Mussolini zijn aangebracht. Van links naar rechts geven ze de uitbreiding van het Romeinse rijk aan.

Bij het begin van de achtste eeuw v.Chr. was Rome niet meer dan een stip op het Italiaanse schiereiland; de tweede kaart toont het Romeinse rijk in 146 v.Chr. na de Punische oorlogen; op de derde is te zien welke omvang het Rijk had aangenomen in het jaar 14 ten tijde van Augustus. De vierde geeft een beeld van het Rijk ten tijde van keizer Trajanus (98-117) toen het Imperium, volgens deze kaarten, het meest uitgestrekt was. Dat klopt niet: het Rijk was het grootst onder Septimius Severus (193-211), maar omdat hij een Libiër was uit de Romeinse provincie Africa, waarschijnlijk gekleurd en bovendien getrouwd met de Semitische Julia Domna uit de provincie Syrië, verkoos Mussolini dat te negeren.

Rome had in de oudheid op zeker ogenblik het onvoorstelbare aantal van een miljoen inwoners. Het Forum Romanum werd dus algauw te klein zodat het door verschillende machthebbers werd uitgebreid. De eerste uitbreiding werd tussen 54 en 46 v.Chr. gerealiseerd door Julius Caesar met het naar hem genoemde **Forum van Caesar**, waaraan hij een miljoen goudstukken spendeerde. Men diende er een gedeelte van de Capitolijnse heuvel voor af te graven. Komend van het Colosseum ligt dit Forum aan de linkerzijde van de straat, vlak voor het Monument voor Victor Emanuel II. De drie zuilen zijn de overblijfselen van de Tempel van Venus Genetrix van wie het geslacht der Julii beweerde af te stammen.

Caesar had er een gouden beeld van Cleopatra laten neerzetten. Tien jaar later liet Octavianus – hij was nog niet keizer Augustus – er marmeren beelden van zijn tweede vrouw Livia en zijn zus Octavia naast plaatsen. Voor de tempel stond een ruiterstandbeeld van Caesar zelf, zittend op Bucephalus, het paard van Alexander de Grote.

Vervolgens kwam er in 2 v.Chr. het **Forum van Augustus** bij. Het ligt nu aan de rechterzijde. Enkele zuilen van de **Tempel van Mars Ultor** (de wrekende Mars), die was opgericht om Augustus' overwinning op de moordenaars van Caesar te herdenken in de Slag bij Philippi in 42 v.Chr., zijn nog overgeleverd. De hoge muur achter dit Forum deed dienst als een brandmuur waarachter de *Subur(r)a* lagen, de *suburbs* of achterbuurten. Het woord is afgeleid van het Latijnse *sub urbe*, letterlijk onder de stad.

In 97 voegde keizer Nerva rechts van het Forum van Augustus het naar hem genoemde **Forum van Nerva** toe. Het ligt aan de rechterzijde juist voorbij het Largo Corrado Ricci, het einde van de Via Cavour. Het wordt ook wel het Forum Transitorium genoemd omdat het de overgang tussen de Subur(r)a en het Forum Romanum vormde. Nerva's voorganger Domitianus had de bouw laten beginnen. Een fraai reliëf van de Tempel van Minerva is ervan overgeleverd.

Tegenover het Largo Corrado Ricci bevindt zich de hoofdingang van het Forum Romanum. Links daarvan zie je restanten van het **Forum van Vespasianus** of **van de Vrede**, dat voor het grootste gedeelte nog niet opgegraven onder de grond ligt. De Basilica dei Santi Cosma e Damiano is ingebouwd in de bibliotheek van dit Vredesforum. De muur van de Vredestempel waarop de *Forma Urbis Romae* was aangebracht, de reusachtige marmeren plattegrond van Rome (dertien meter breed, achttien meter hoog) die tussen 203 en 211 ten tijde van Septimius Severus was gerealiseerd, bestaat nog. Je ziet hem links van de toegangspoort naar de Santi Cosma e Damiano. In de talrijke gaten bevonden zich de bronzen krammen waarmee de kaart aan de muur bevestigd was.

Nerva's opvolger liet eveneens aan de rechterzijde van de straat, niet ver van de Piazza Venezia, het naar hem genoemde **Forum van Trajanus** aanleggen door Apollodorus van Damascus met de buit van zijn verovering van Dacië, het huidige Roemenië. In de naam van dat land (Romania) hoor je dat het een provincie van Roma was. Het Forum was toegankelijk via een triomfboog voor Trajanus. Er stond ook een reusachtig ruiterstandbeeld van de keizer; het was even groot als dat van Victor Emanuel II op diens monument aan de overzijde.

De zuilen voor Trajanus' erezuil zijn restanten van de **Basilica Ulpia**, zo genoemd naar het geslacht waartoe Trajanus behoorde. De schitterende bijna veertig meter hoge **Zuil van Trajanus** dateert van 113 en heeft ongeschonden de tijd overleefd omdat hij dienst heeft gedaan als klokkentoren van het intussen lang verdwenen kerkje San Niccolò dat in de middeleeuwen in het Forum was ingeplant. Links en rechts van de zuil, die een boekrol voorstelt, bevond zich een Griekse en een Latijnse bibliotheek. Als in een stripverhaal worden op de zuil Trajanus' veldtochten in Dacië uitgebeeld. Er staan tweeduizend vijfhonderd figuurtjes op; de keizer komt er zestig keer op voor. In de zuil loopt een wenteltrap naar het platform bovenaan waar oorspronkelijk een beeld van Trajanus stond (nu Sint-Pieter). Je kunt de smalle raampjes zien die de wenteltrap verlichten.

Boven het toegangsdeurtje aan de zuidzijde staat te lezen dat de hoogte van de zuil precies aangeeft hoeveel grond er is afgegraven om het Forum te kunnen aanleggen. Dat moet circa 800 000 kubieke meter zijn geweest.

Keizer Trajanus heeft de zuil nog zelf ingehuldigd. Nadat hij en zijn vrouw Plotina overleden waren werd hun as in een gouden urn in de sokkel bewaard.

In de zogenaamde **Markten van Trajanus**, die ooit zes verdiepingen telden, waren maar liefst circa honderdvijftig handelszaken gevestigd, een soort winkelcentrum avant la lettre.

Boven de Markten is de **Torre delle Milizie** of **Torre di Nerone** te zien. Ten onrechte wordt ervan gezegd dat Nero vanaf deze toren de grote brand zou hebben bezongen die Rome trof in het jaar 64, waarbij elf van de veertien stadswijken in vlammen opgingen en die zeven dagen duurde. Bovendien wordt hem aangewreven dat hij de brand moedwillig zou hebben laten aansteken.

## PIAZZA COLONNA

Op de Piazza Colonna staat een soortgelijke zuil als die van Trajanus, maar die verkeert in minder goede staat. Het is een erezuil voor keizer Marcus Aurelius die ook een ruiterstandbeeld heeft op het Capitool. De zuil is met tweeënveertig meter de hoogste van Rome. Hij werd tussen 180 en 193, na de dood van Marcus Aurelius, opgericht door diens zoon en opvolger Commodus. Precies zoals op de Zuil van Trajanus worden Marcus Aurelius' veldtochten erop gememoreerd. Binnen in de zuil loopt ook hier een wenteltrap. Het beeld van de keizer dat erbovenop stond is vervangen door een beeld van Sint-Paulus.

Ten onrechte wordt de zuil op de inscriptie toegeschreven aan Antoninus Pius, waardoor hij in Rome de **Colonna Antonina** wordt genoemd.

### MAMERTIJNSE GEVANGENIS – TULLIANUM

Volgens Titus Livius is deze gevangenis uit 640 v.Chr. de oudste ter wereld. De Carcere Mamertino ligt tussen het Forum Romanum (ter hoogte van de Triomfboog van Septimius Severus) en het Forum van Caesar en vlak bij de Santi Luca e Martina waar een waarschijnlijk apocriefe inscriptie verwijst naar Gaudentius, de vermeende architect van het Colosseum. De **Mamertijnse gevangenis** (de naam is middeleeuws, maar zou verband houden met de oorlogsgod Mars) heette in de oudheid het **Tullianum**, volgens sommigen omdat er zich een *tullus* of bron zou hebben bevonden, volgens anderen is de gevangenis genoemd naar de Romeinse koning Servius Tullius of naar een van zijn voorgangers, Tullus Hostilius (673-641 v.Chr.). De geschiedschrijver Sallustius (86-35 v.Chr.) vermeldt het Tullianum in *De samenzwering van Catilina*.

De huidige gevel in travertijn bedekt een oudere in tufsteen. De recentere dateert van circa 40 v.Chr., wat we weten omdat de namen van de consuls Caius Vibius Rufinus en Marcus Cocceius Nerva in de grote inscriptie vermeld staan.

Het Tullianum was een staatsgevangenis voor ter dood veroordeelden. De trapeziumvormige ruimte binnen dateert uit de tweede eeuw v.Chr. Via een trap kom je nu in een cirkelvormige ruimte daaronder, de eigenlijke antieke kerker. In vroegere tijden was er evenwel geen trap, alleen een gat in de vloer met een doorsnede van zeventig centimeter (en nu afgesloten met een rooster) waar de gevangenen van de staat doorheen werden gegooid om vervolgens te worden gewurgd. Dat overkwam onder meer de aanhangers van de Gracchen in 123 v.Chr. en de medeplichtigen aan de samenzwering van Catalina in 60 v.Chr.

Jugurtha, de koning van Numidië, werd hier in 104 v.Chr. uitgehongerd en de Gallische legeraanvoerder Vercingetorix werd er in 49 v.Chr. onthoofd.

Petrus en Paulus zouden hier negen maanden gevangen hebben gezeten. Ze konden ontkomen dankzij hun bewakers Processus en Martinianus, twee soldaten van keizer Nero. Ontroerd door het geloof van Petrus en Paulus bekeerden ze zich tot de nieuwe leer en Petrus doopte hen (en met hen zevenenveertig andere gevangenen) met water dat miraculeus opwelde uit de ondergrond. In de apsis van de Madonna dei Monti aan de gelijknamige Piazza heeft Giacinto Gimignani (1606-1681) dat doopsel afgebeeld. De twee moesten hun bekering met de dood bekopen en werden onthoofd. Paus Paschalis I (817-824) liet hun relieken van de Via Aurelia (waar ze begraven waren) naar de Sint-Pieter brengen. In het rechter transept van de huidige basiliek is nog steeds een geprivilegieerd altaar aan hen gewijd. Dat is een altaar waaraan in de rooms-katholieke godsdienst het voorrecht verbonden is dat gelovigen er een volle aflaat kunnen verkrijgen, te weten de volledige kwijtschelding van alle verdere boetedoening in het hiernamaals. Er moet wel *Altare Privilegiatum* op vermeld staan.

Dit legendarische verhaal over de twee bewakers is waarschijnlijk pas in de middeleeuwen ontstaan. Toch is het niet onbelangrijk, want daardoor is men op het idee gekomen dat de ondergrondse ronde ruimte wellicht een watercisterne is geweest, waarvan de Romeinen vervolgens een gevangenis hebben gemaakt. Boven de twee toegangsdeuren tot het Mamertinum staan overigens de beeltenissen van Petrus en Paulus.

Omdat door deze legende het Tullianum voortaan werd beschouwd als een heilige plaats werd het een kerkje, gewijd aan San Pietro in Carcere (in de kerker). Er staat nog een altaar met op de voorzijde een omgekeerd kruis omdat Petrus met het hoofd naar beneden werd gekruisigd.

Boven de gevangenis is tussen 1597 en 1602 het kerkje San Giuseppe dei Falegnami (van de timmerlieden) gebouwd. Hun broederschap had in 1532 immers het bescheiden kerkje San Pietro in Carcere gekocht.

## CAPITOOL

De Capitolijnse heuvel is met een hoogte van slechts vijfenveertig meter de kleinste van de traditionele zeven heuvels, maar wel de belangrijkste, want het is van hieruit dat Rome een deel van de wereld heeft beheerst. Het is dus geen toeval dat de Amerikaanse regeringszetel in Washington eveneens Capitool heet. In de oudheid bevond zich op de heuvel de Tempel van de oppergod Jupiter, een machtig bouwwerk met een gouden dak, het belangrijkste heiligdom van het antieke Rome. Omdat de Romeinse Munt hier gevestigd was stond ook de Tempel van Juno Moneta op het Capitool.

Ons woord munt vindt trouwens zijn oorsprong in het Latijnse *moneta*.

De naam van de heuvel zou zijn afgeleid van *Caput (T)Olus*, het hoofd van (T)Olus. Toen men hier in 509 v.Chr. een schedel had teruggevonden deelde het Orakel van Delfi aan de Romeinse koning Tarquinius Superbus mee dat dit betekende dat Rome het *caput mundi* (hoofd van de wereld) zou worden. Soms wordt in de Italiaanse naam Campidoglio ook wel *campo d'oleo* gezien omdat hier ooit een uienveld zou hebben gelegen. *Oleo* is Latijn voor ui.

De twee leeuwen links en rechts onder aan de trap die naar het Capitool leidt zijn oud-Egyptisch. Boven aan deze trap, de zogenaamde **Cordonata**, een helling met lage geribbelde treden waarin een soort koordmotief is gehakt (vandaar de naam) dat paarden meer houvast gaf, staan de reusachtige beelden van **Castor** en **Pollux** met hun paard. Zoals nog goed te zien is werden ze in stukken teruggevonden in het Romeinse getto waar zich een tempel voor de Dioscuren (zonen van god) bevond. De gekke kapjes op hun hoofd zouden halve zwaneneieren zijn, een verwijzing naar hun vader Jupiter, die Leda in de gedaante van een zwaan had verleid.

Op de borstweringen links en rechts zijn ook twee mijlpalen te zien die afkomstig zijn van de Via Appia, evenals beelden van Constantijn en zijn zoon Constantijn II en de zogenaamde Trofei di Mario (trofeeën van Marius). Het zijn symbolische voorstellingen van wapens die de veldheer Marius ten tijde van Domitianus op de barbaren had buitgemaakt.

Het gebouw achterin is het stadhuis van Rome. Daaronder bevindt zich het **Tabularium**, het staatsarchief van het oude Rome, dat je vanaf het Forum Romanum hebt gezien. De beelden links en rechts onder de trappen van het stadhuis zijn afkomstig van de Thermen van Constantijn. Links zie je een personificatie van de Nijl, rechts van de Tigris. De kop van de tijger heeft men met maar weinig succes veranderd in die van een wolf, het symbool van Rome. In de centrale nis staat een beeld van Minerva dat veranderd is in de godin Roma.

Neem je het straatje rechts van het stadhuis dan sta je boven op de **Tarpeïsche rots** vanwaar je een magnifiek uitzicht hebt over het Forum Romanum. Landverraders werden van deze rots te pletter gegooid. Ze ontleent haar naam aan de Vestaalse priesteres Tarpeia die de Sabijnen had getoond langs waar ze Rome konden binnendringen, wat haar het leven kostte. Ook de Galliërs hebben geprobeerd langs deze weg Rome in te nemen, maar ze werden verraden door het gegak van de ganzen, waarna de onversaagde Marcus Manlius de eerste Galliër van de rots de diepte in duwde.

Links van het stadhuis staat op een zuil een verkleinde versie van de **Wolvin van Rome**. Wil je de echte zien dan moet je de Capitolijnse musea bezoeken, waar je behalve de Wolvin, ook de Doorntrekker, het echte Ruiterbeeld van Marcus Aurelius, de resten van de Tempel van Jupiter en nog veel meer kunt zien.

### RUITERSTANDBEELD VAN MARCUS AURELIUS

De ruiter op het Capitool is een perfecte fotometrische kopie van het echte beeld dat in de Capitolijnse musea is ondergebracht. Nadat het achttienhonderd jaar in de openlucht had gestaan, werd het in 1981 van zijn sokkel gehaald omdat het dreigde te bezwijken aan de gevolgen van zure regen, uitlaatgassen en ander fraais dat onze planeet bedreigt.

Het beeld, dat oorspronkelijk verguld was, werd opgericht om de roemrijke overwinningen van keizer Marcus Aurelius (161-180) op barbaarse volkeren te herdenken. Het is het enige bronzen ruiterstandbeeld van die omvang dat uit de oudheid is overgeleverd omdat men er eeuwenlang van uitgegaan is dat het keizer Constantijn voorstelde, de eerste christelijke keizer, zo niet, was het hoogstwaarschijnlijk omgesmolten. Na veel gissen is het pas tot een correcte identificatie gekomen onder Sixtus IV (1471-1484), de paus die de naar hem genoemde Sixtijnse kapel liet bouwen en in het Palazzo Nuovo (het linker paleis op het Capitool) de allereerste kunstverzameling onderbracht.

Naar de gewoonte van die tijd rijdt Marcus Aurelius zonder zadel of stijgbeugels. Onder de opgeheven voorpoot zou vroeger een gevangene hebben gelegen en als je goed kijkt lijkt inderdaad aan de paardenhoef een stukje te zijn aangezet.

Het beeld stond oorspronkelijk op het Forum Romanum en later opzij van de Sint-Jan van Lateranen. In opdracht van paus Paulus III heeft Michelangelo het in 1538, maar niet van harte, naar het Capitool verplaatst.

## THEATER VAN MARCELLUS

Het theater ligt aan de gelijknamige straat, de Via del Teatro di Marcello en is ouder dan het Colosseum, waarvoor het model stond. Julius Caesar gaf de bouwopdracht, maar het was pas klaar in 13 v.Chr. Augustus wijdde het theater aan zijn neef en schoonzoon Marcellus, in wie hij een mogelijke opvolger zag. Marcellus was de zoon van Augustus' zuster Octavia en de eerste echtgenoot van diens dochter Julia. Hij overleed al in 23 v.Chr., op nauwelijks negentienjarige leeftijd, in Baiae (toen een luxeoord in de Golf van Napels), waarschijnlijk aan tyfus. Sommigen beweren dat hij was vergiftigd door Augustus' tweede vrouw Livia, die Marcellus zou hebben willen uitschakelen voor de opvolging van Augustus omdat ze liever haar eigen zoon Tiberius op de keizerstroon zag komen, maar Cassius Dio beschreef het als een gerucht.

De schouwburg bood plaats aan vijftienduizend à twintigduizend toeschouwers. Er werden hoofdzakelijk pantomimes, vaak begeleid door muziek, zang en dans, en mythologische stukken opgevoerd. Als er in een voorstelling een dode diende te vallen, dan voerde men blijkbaar een ter dood veroordeelde op die daadwerkelijk om het leven kwam.

Twee verdiepingen zijn nog intact. De bovenste galerij ontbreekt, maar de veel recentere bovenste verdieping wordt ook vandaag nog bewoond.

Voor het theater staan nog drie zuilen van een Apollotempel. Hij dateert uit 433 v.Chr. en is daarmee het oudste marmeren monument van Rome.

### PORTICO D'OTTAVIA

Via het theaterterrein kom je bij de Portico d'Ottavia, die al in 147 v.Chr. bestond. Deze *portico* is de toegangspoort van een groot plein dat omringd was door galerijen met meer dan driehonderd zuilen. Het plein werd gebruikt voor officiële festiviteiten, maar deed ook gewoon dienst als wandelplaats en er was een bibliotheek gevestigd. Pas in 23 v.Chr. wijdde keizer Augustus het gebouw aan zijn zus Octavia, die door haar tweede man Marcus Antonius in de steek was gelaten ten gunste van Cleopatra.

De portico is het enige wat van het bouwwerk is overgeleverd. Het kerkje Sant'Angelo in Pescheria (de heilige Engel (Michaël) op de Vismarkt) is erin ingebouwd.

### FORUM BOARIUM

Over de Via del Teatro di Marcello bereik je langs het Forum Olitorium (de groentemarkt), waarvan links bescheiden resten zijn bewaard, het Forum Boarium (de rundermarkt). Daar staat de **Santa Maria in Cosmedin**, die veel bezoekers trekt voor de **Bocca della Verità** (Mond van de Waarheid) in de portiek. Als leugenaars hun hand in de mond steken dan bijt de Bocca die volgens de legende af. In werkelijkheid zou het om een dertienhonderd kilogram zwaar putdeksel gaan van het hoofdriool van Rome, de Cloaca Maxima, of het deksel van een put waarin het bloed werd opgevangen van runderen die aan Hercules werden geofferd. De Bocca stelt de zeegod Oceanus voor.

Op de Piazza Bocca della Verità staat tegenover de kerk de ronde **Tempel van Vesta** uit de tweede eeuw v.Chr. Hij is omgeven door negentien zuilen, want er ontbreekt er vreemd genoeg een. Ook dit monument is vrijwel intact overgeleverd omdat er een kerkje van gemaakt was, de Santa Maria del Sole.

Verderop in het plantsoen staat een rechthoekig tempeltje. Sommige bronnen dateren het in 50 v.Chr., andere situeren het in de tijd van koning Servius Tullius (578-534 v.Chr.). Recent wordt het beschouwd als een **Tempel van Portunus**, de havengod, maar het is ook beschreven als een Tempel van Fortuna Virilis, de godin van het geluk. Ook dit tempeltje is bijna perfect bewaard omdat het eveneens dienst heeft gedaan als kerkje gewijd aan de heilige Maria van Egypte, de patrones van de Romeinse prostituees, die rond het vlakbij gelegen Circus Maximus actief waren.

Aan de oostzijde van de piazza staat de **Janus Quadrifons**, een vierde-eeuwse boog met vier gelijke zijden en vier toegangen. In de nissen stonden in de oudheid beelden. De boog lag aan een kruispunt van wegen waar de handelaren van de rundermarkt beschutting konden vinden tegen zon of regen.

Achter de boog ligt het kerkje **San Giorgio in Velabro** (in het moeras) omdat de herder Faustulus hier Romulus en Remus zou hebben aangetroffen. Links van de kerk bevindt zich de **Arco degli Argentari** (van de geldwisselaars) uit 204. Links zie je hoe een afbeelding van Geta is weggehakt, ten gevolge van de *Damnatio Memoriae* die zijn broer Caracalla over hem had uitgesproken.

Tegenover de San Giorgio in Velabro kun je achter een hek nog een overblijfsel van de **Cloaca Maxima** zien, het hoofdriool van het antieke Rome.

### CIRCUS MAXIMUS

Van het zo beroemde Circus Maximus is niet echt veel overgeleverd en bij de eerste aanblik kan het behoorlijk tegenvallen. Het ziet er nu uit als een langgerekte weide waar Romeinen komen joggen, hun hond uitlaten, voetballen, met de kinderen spelen en waar geregeld grote evenementen plaatshebben, zoals optredens, betogingen en verkiezingsbijeenkomsten. Alleen aan de zuidoostelijke zijde zie je nog enkele bescheiden resten van arcaden en trappen.

Het Circus Maximus zou al hebben bestaan in de achtste eeuw v.Chr., want volgens de legende heeft hier de **Sabijnse maagdenroof** plaatsgevonden. Omdat er in de nieuwe stad die Romulus gesticht had een schrijnend gebrek aan vrouwen bestond, nodigden de Romeinen de Sabijnen met hun families uit om de geplande spelen bij te wonen, met de bedoeling om op een afgesproken teken de dochters van de Sabijnen te overmeesteren.

Waarschijnlijker is dat het circus ontstond in de zesde eeuw v.Chr. onder het bewind van koning Tarquinius Priscus. Zijn huidige vorm zou het te danken hebben aan Julius Caesar. Het circus moet er met zijn talrijke arcaden waarin winkels, kroegen en bordelen waren gevestigd ongeveer hebben uit gezien zoals het Colosseum, dat echter veel recenter is. Aan de oostelijke zijde werd in 80 een triomfboog voor Vespasianus en Titus opgericht die dienstdeed als hoofdingang.

Het circus is gelegen in de vallei tussen de Aventijn en de Palatijn. Oorspronkelijk had het een oppervlakte van zeshonderd bij honderdtachtig meter en bood het plaats aan 200 000 (na een verbouwing zelfs 350 000) bezoekers die aan de lange zijden van het circus zaten en in de oostelijke bocht tegenover de starthokken. De keizerlijke loges bevonden zich aan de zijde van de Palatijn, waar de keizers hun paleizen hadden.

In de oudheid was het complex hoofdzakelijk in gebruik als paardenrenbaan zoals we die kennen uit de spektakelfilm *Ben Hur* van William Wyler uit 1959 met Charlton Heston in de hoofdrol. Er werden soms tot vierentwintig races per dag georganiseerd. De populairste rennen waren die met vier vierspannen of *quadrigae* die elk een kleur hadden (groen, wit, rood en blauw), maar omdat er zich aan de noordelijke zijde twaalf *carceres* of starthokken bevonden, moeten er vaak meer wagens hebben deelgenomen, ook met minder of meer paarden. Daar lagen ook de stallen. Een magistraat-koerscommissaris gaf de start door een witte doek te laten vallen. Zodra die de grond raakte, stoven de paarden weg. Ook in de oudheid wedden de Romeinen al op paarden.

De renbaan zelf was twaalfhonderd meter lang. In het midden lag een afscheiding tussen beide rijrichtingen, de zogenaamde *spina*, waarvan de verhoging nu nog te zien is. De keerpunten, waar de wagenmenners de bocht namen, werden *metà* genoemd. Op de spina stonden beelden en twee obelisken. Vanaf de spina gaven koerscommissarissen met grote houten eieren en bronzen dolfijnen het aantal nog af te leggen ronden aan. De twee obelisken staan nu opzij van de Sint-Jan van Lateranen en op de Piazza del Popolo. Het zijn de twee oudste monumenten van Rome.

De wagenmenners moesten zevenmaal rond die spina rijden. Bijna alles was toegestaan. De meest succesvolle wagenmenners waren in heel het Rijk bekend. Vanwege hun gevaarlijke leven vol risico's werden zij, net als de gladiatoren, meestal niet oud, onder meer omdat hun wagens vaak kantelden doordat ze de bochten te kort afsneden. Keizer Nero zou ooit persoonlijk aan de rennen hebben deelgenomen. De laatste wagenrennen hadden er plaats in 549.

Geregeld werden er ook andere spelen georganiseerd waarbij veelvuldig wilde dieren werden ingezet. Om te beletten dat de dieren bij het publiek konden komen heeft Julius Caesar rond de piste ooit een brede greppel laten graven die vol water stond.

De grote brand van Rome in 64 zou in het Circus Maximus zijn begonnen.

### THERMEN VAN CARACALLA

De bouw van het naar hem genoemde badhuis liet Caracalla in 212 beginnen. In 217 heeft hij het zelf ingehuldigd, maar omdat hij hetzelfde jaar werd vermoord door zijn praetoriaanse garde – hij was pas negenentwintig –, is het verder afgewerkt door zijn achterneef Heliogabalus en daarna door Alexander Severus. Caracalla heette met zijn echte naam Lucius Septimius Bassianus en was geboren in Lyon in 188. Omdat hij altijd een soldatencape droeg werd hij naar dat kledingstuk Caracalla genoemd.

Van de meeste thermencomplexen is niet veel bewaard gebleven. Alleen van die van Caracalla en die van Diocletianus bij het Stazione Termini zijn omvangrijke gedeelten overgeleverd. En tussen haakjes, hoewel Roma Termini een eindstation is en je er het woord *terminus* in herkent, is het genoemd naar de thermen!

Het complex van Caracalla beslaat een oppervlakte van

driehonderddertig bij driehonderddertig meter. Er konden tegelijkertijd tweeduizend vijfhonderd bezoekers terecht, van wie er zestienhonderd konden baden. Men kwam de thermen binnen via een centrale poort en men kon er koude, lauwe en warme baden nemen in het *frigidarium*, het *tepidarium* en het *calidarium*.

Er werden in de thermen enorme hoeveelheden water gebruikt en voor de verwarming van het water tonnen hout verbrand in de ondergrondse ovens waar vele tientallen slaven werkten.

Thermen waren eigenlijk weelderige centra in het societyleven waar het, ook door de luxueuze entourage met veel beelden, mozaïeken en schilderwerk, prettig toeven was. Het waren meer dan alleen maar badhuizen: er bevonden zich op het terrein ook ligweiden, massage-, speel-, sport-, gym-, feest-, lees- en conferentiezalen, een zwembad, een bibliotheek, eet- en drankgelegenheden enzovoort en mensen ontmoetten er elkaar. In principe waren de thermen gratis (of tegen een kleine bijdrage) voor iedereen toegankelijk, maar in de praktijk toch vooral voor lieden van stand die de keizer maar beter te vriend kon houden.

Toch waren die badhuizen ook een bedreiging en zelfs een gevaar voor de volksgezondheid want in de oudheid schreven artsen de thermen vaak voor aan patiënten die aan besmettelijke ziekten leden en die zich dus te midden van gezonde mensen kwamen baden. Keizer Hadrianus (117-138) kwam pas op het idee om die zieken op speciaal voor hen gereserveerde uren toe te laten.

Het badhuis bleef in gebruik tot 537, toen de Goten het aquaduct afsneden dat de cisternen met water moest vullen. (De Drususboog bij de Porta San Sebastiano maakte deel uit van het Aqua Antoniniana dat de thermen van water voorzag.) De cisternen voor wateropslag lagen achteraan op het terrein onder de helling waartegen de tribunes van het kleine sportstadion waren gebouwd.

Ook uit dit monument werden gretig bouwmaterialen weggesleept. Paus Paulus III (Farnese) bijvoorbeeld haalde er veel weg voor de bouw van de nieuwe Sint-Pieter en het Palazzo Farnese. De twee fonteinen op de Piazza Farnese zijn gemaakt met badkuipen van deze thermen. De beroemde Farnese-stier en de (door Glykon uit Athene gesigneerde) Farnese-Hercules, twee topstukken van de Farnese-collectie in het Nationaal Archeologisch Museum van Napels, zijn vanhier afkomstig.

## PANTHEON

Het Pantheon is een van de best bewaarde monumenten uit het antieke Rome en dat komt omdat de Byzantijnse keizer Phocas in 609 aan paus Bonifatius IV toestemming gaf om er een kerk van te maken en dat is het nog steeds: **Santa Maria ad Martyres**. De paus liet vele wagenladingen met stoffelijke resten van christenen uit de catacomben hiernaartoe brengen om de plek te zegenen. Daarmee ontstond de kerkelijke feestdag van Allerheiligen die tot 834 gevierd werd op 13 mei. In 835 verplaatste paus Gregorius IV (827-844) het feest naar 1 november.

Op de fries staat M.AGRIPPA.L.F.COS.TERTIUM.FECIT, te lezen als *Marcus Agrippa Lucii Filius Consul Tertium Fecit* of in het Nederlands: Marcus Agrippa, zoon van Lucius, maakte het tijdens zijn derde consulaat. Omdat we beschikken over lijsten van opeenvolgende consuls – ze hangen in de Capitolijnse musea – weten we dat het Pantheon dus dateert van 27 v.Chr. Toch is dit niet het originele bouwwerk, want dat brandde in 80 af. De huidige tempel is een wederopbouw uit 120-124, ten tijde van keizer Hadrianus, die zelf de plannen zou hebben getekend.

Het Pantheon was een tempel gewijd aan het volkomen

goddelijke. Marcus Agrippa, de schoonzoon van Augustus (zijn tweede vrouw was Augustus' dochter Julia), bouwde hem als tempel bij zijn thermen die achter het huidige Pantheon lagen en van water voorzien werden door het zogenaamde Aqua Virgo, met zijn circa twintig kilometer het op twee na kortste van de talrijke aquaducten. (Dezelfde waterleiding bedient ook de Trevifontein.) Toen Agrippa in 12 v.Chr. overleed, schonk hij de Romeinen hun eerste openbare badhuis.

De tempel was oorspronkelijk gewijd aan de oermoeder Cybele en de zeegod Neptunus, later aan de zeven planetengoden waarvan beelden in de nissen hebben gestaan.

Het Pantheon stond in de oudheid boven aan een trap met vijf treden die in de loop van de geschiedenis onder het stof der tijden verdwenen is. Links en rechts van het Pantheon kun je het straatniveau van de oudheid nog zien.

De voorhal of *pronaos* is drieëndertig meter breed en zestien meter diep. Hij wordt gedragen door zestien Korinthische zuilen van veertien meter hoog. De bronzen plafondbalken, alles bij elkaar tweehonderdvijftig ton, werden in 1632 in opdracht van paus Urbanus VIII (Barberini) weggehaald om Bernini er het baldakijn in de Sint-Pieter mee te laten maken. Het sprekende beeld Pasquino reageerde daarop met de beroemde uitspraak: '*Quod non fecerunt Barbari, Barberini fecerunt*' (Wat de Barbaren niet deden, deden de Barberini). In de nissen links en rechts van de toegangsdeur stonden vroeger beelden van Augustus en Agrippa. De met brons beslagen houten deuren zijn de originele uit de oudheid; ze zijn zeven meter hoog en zesendertig centimeter dik.

Het Pantheon heeft een doorsnede van 43,30 meter en is ook precies even hoog, zodat er een bol in zou kunnen. De niet afgedekte opening in de koepel heeft een diameter van negen meter en is de enige lichtbron, ze stelt de zon voor waarrond de plancten hun baan beschrijven. In het Pantheon regent het dus binnen; in de vloer zijn kleine openingetjes aangebracht waarlangs het water wordt afgevoerd.

Hoewel de koepel van het Pantheon vrij plat is (wat je vanaf enige afstand ook aan de buitenzijde kunt zien) werd hij hét model voor alle koepels die ooit gebouwd zijn. De trommel waarop de koepel rust is maar liefst 6,10 meter dik. Hij is gebouwd met een soort beton dat op een houten raamwerk werd gestort. De vijf rijen vierkante cassettes in de koepel, die naar de opening toe in omvang afnemen, zijn aangebracht om het enorme gewicht (meer dan vijfduizend ton) te reduceren. Ook de gebruikte materialen dragen daartoe bij: bij de trommel is basalt gebruikt, bij de *oculus* of opening puimsteen. Bovendien neemt de dikte van de schil af: bij de trommel is de koepel 5,90 meter dik, rond de oculus toch nog altijd 1,50 meter. Om het gewicht verder op te vangen zijn aan de buitenzijde in de muren stenen bogen te zien; dat zijn geen bogen die later dichtgemetseld zijn, maar geïntegreerde steunberen waardoor de druk meer verdeeld wordt.

En nog een aardigheidje: de **Piazza della Rotonda** was ooit met parket bevloerd. Moeilijk te geloven? Op huisnummer 68 hangt een gevelplaat waarop dat te lezen staat.

### PIAZZA NAVONA

Een paar honderd meter van het Pantheon verwijderd bevindt zich de Piazza Navona. Die ligt op het zogenaamde Marsveld, het vlakke gedeelte van Rome in de Tiberbocht. Daar oefenden de Romeinse legioenen en het was tevens het centrum van sport en spel.

De piazza werd aangelegd halverwege de zestiende eeuw in het **Stadion van Domitianus** uit 82-86. Dat zie je nog aan de vorm en aan de noordzijde kun je vanaf de Piazza di Tor

Sanguigna door een groot raam op de begane grond de fundamenten ervan zien liggen. Voordien had Nero hier al een amfitheater laten bouwen voor vijfjaarlijkse spelen waarover we verder weinig weten.

Het stadion was tweehonderdvijfenzeventig meter lang en honderdzes meter breed en bood plaats aan dertigduizend toeschouwers. Er werden hoofdzakelijk atletiekwedstrijden gehouden, een volksvermaak dat aanvankelijk weinig succes kende. De populairste wedstrijd was de vijfkamp: speer- en discuswerpen, worstelen, hardlopen (zeshonderd voet of honderdachtenzeventig meter) en verspringen. Omdat de atleten van mening waren dat ze dan verder konden springen hielden ze in elke hand een gewicht.

De porfieren obelisk op Bernini's schitterende **Vierstromenfontein** uit 1651 is niet Egyptisch. Domitianus had hem laten maken. Hij is zestien meter hoog en stond ooit op de spina van het Circus van Maxentius langs de Via Appia. De hiërogliefen zijn er pas in gehakt toen hij hier werd neergezet.

Waar de **Sint-Agneskerk** staat werd in 304 de twaalfjarige Agnes ter dood gebracht omdat ze zich verzet had tegen een gedwongen huwelijk met de zoon van de prefect van Rome. Daarvoor was ze al naakt in een bordeel in de arcades van het stadion geplaatst, maar haar haren groeiden miraculeus en bedekten haar naaktheid. Daarna veroordeelde men haar tot de brandstapel, maar de vlammen weken terug. Toen greep men naar een meer afdoend middel en werd ze onthoofd. Vanuit de kerk kun je nog de ondergrondse ruimte van het bordeel bezoeken waar Agnes de martelaarsdood stierf. In de kerk wordt links vooraan de schedel van de heilige Agnes bewaard. Haar graf bevindt zich in de Sint-Agnes-buiten-de-muren. In de iconografie wordt ze afgebeeld met een lam, een *agnus*, in haar armen.

## TIBEREILAND

De rivier mag in het Italiaans dan wel Tevere heten, in **Isola Tiberina** hoor je nog duidelijk de oorspronkelijke toewijding aan de riviergod Tiberinus.

Het ontstaan van het eiland is legendarisch: de oude Romeinen zouden uit protest tegen het beleid van de laatste Romeinse koning Tarquinius Superbus (534-509 v.Chr.) hun korenvoorraden in de stroom gegooid hebben en daardoor zou het eiland gevormd zijn. In een andere versie dankt het zijn ontstaan aan een gezonken schip waarvan het inderdaad de vorm heeft. In werkelijkheid is het eiland van vulkanische oorsprong. Het is circa driehonderd meter lang en vijftig meter breed.

Om verlost te worden van de pest gingen de Romeinen in 293 v.Chr. naar het Griekse Epidauros om een heilige slang van Asklepios, de god van de geneeskunde, te halen. Toen ze daarmee in Rome arriveerden, ontsnapte het reptiel en kroop het aan land op het Tibereiland. Daar werd niet alleen een tempel voor Aesculapius opgericht, maar ook een ziekenhuis voor pestlijders. Asklepios, zelf een zoon van Apollo, werd de vader van Hygeia, van wier naam het woord hygiëne is afgeleid, en een voorvader van Hippocrates, letterlijk de paardentemmer, van Kos. De staf waarrond de slang van Asklepios zich kronkelt, is ook vandaag de dag nog het symbool van artsen en geneesheren en zij leggen nog steeds de eed van Hippocrates af.

Op het eiland bevindt zich nog altijd een ziekenhuis, dat van de Fatebenefratelli (*Fate bene fratelli*, Doe het goede, broeders). Het zijn de woorden waarmee de oorspronkelijk uit Portugal afkomstige ziekenbroeders om aalmoezen voor de ziekenzorg gingen bedelen.

Via twee bruggen uit de oudheid is het eiland met het vasteland verbonden. Aan de stadszijde is dat de **Ponte Fa-**

**bricio** uit 62 v.Chr., de oudste brug van Rome, die naar het Marsveld leidt. Ze ontleent haar naam aan Lucius Fabricius, destijds de hoofdopziener der wegen. De brug met twee grote bogen en een kleinere in het midden is tweeënzestig meter lang. Op de buitenzijden staat de naam van Lucius Fabricius er viermaal op vermeld. Ze wordt gemeenzaam ook de **Ponte Quattro Capi** genoemd omdat bij het begin van de brug twee hermen met vier januskoppen staan. Janus was de god van begin en einde. Naar hem is de maand januari genoemd.

Aan de zuidkant die naar Trastevere (de overzijde van de Tevere of Tiber) leidt, ligt de **Ponte Cestio** uit 46 v.Chr., een circa vijftig meter lange brug met drie bogen.

Vanaf deze brug heb je een goed uitzicht op de restanten van de nog oudere **Pons Aemilius**, beter bekend als de **Ponte Rotto** (kapotte brug), die in 179 v.Chr. werd gebouwd door Marcus Aemilius Lepidus, dezelfde die op het Forum Romanum de Basilica Aemilia liet oprichten.

Het lichaam van de weinig populaire keizer Heliogabalus, een Syriër van afkomst, zou in 222 vanaf deze brug in de Tiber zijn gegooid. Hij was pas achttien.

Toen de tweeëntwintigjarige Beatrice Cenci in 1599 wegens vermeende betrokkenheid bij de moord op haar vader onthoofd zou worden, heeft zij (tevergeefs) aan kardinaal Aldobrandini, een neef van paus Clemens VIII die haar veroordeeld had, voorgesteld om in ruil voor gratie de Ponte Rotto te laten herstellen met een stevig cement van eierschalen.

Een ietsje zuidelijker zie je onder de Tiberoever een grote opening. Dat is de plek waar de **Cloaca Maxima**, het hoofdriool van het oude Rome dat al werd aangelegd in de zevende eeuw v.Chr., zich in de Tiber stortte. Gedeeltelijk is het nog steeds in gebruik.

## ARA PACIS

Ook het Ara Pacis Augustae of **Vredesaltaar van Augustus** is bijna in perfecte staat bewaard. Het is een van de meest significante monumenten van het oude Rome. Sinds 2006 staat het in een paviljoen dat de Amerikaanse architect Richard Meier er speciaal voor gebouwd heeft en dat hij buiten op de muur waarlangs water sijpelt, gesigneerd heeft. De vorige behuizing, die in 1938 onder Mussolini door de Romeinse bouwmeester Vittorio Ballio Morpurgo was opgericht, bood het kostbare Carrarisch marmer onvoldoende bescherming.

Het Ara Pacis werd ingehuldigd op 30 januari 9 v.Chr. (de verjaardag van Livia, Augustus' tweede vrouw). Het is gebouwd ter herdenking van het feit dat keizer Augustus (27 v.Chr.-14 n.Chr.) er in 17 v.Chr. door zijn veldtochten in Gallië en Spanje in geslaagd was vrede in zijn Rijk te stichten, die bekendstaat als de *Pax Augusta*. Naar aanleiding daarvan zou Vergilius zijn *Aeneïs*, een soort nationaal epos over de vestiging van de Romeinse staat, hebben geschreven, al wordt dat ook betwijfeld. *Aeneïs* is het verhaal van de uit Troje gevluchte held Aeneas die na een zwerftocht van zeven jaren in Italië belandt en daar de stamvader wordt van het geslacht der Julii, waartoe niet alleen Julius Caesar en zijn adoptiefzoon Augustus behoorden, maar ook de slecht gereputeerde keizers Caligula en Nero.

Het monument meet 11,65 bij 10,62 meter. Negen brokstukken ervan werden in 1658 aangetroffen onder het Palazzo Peretti (op de huidige Piazza San Lorenzo in Lucina) bij de Via del Corso, maar het duurde tot 1879, toen nieuwe fragmenten aan het licht kwamen, alvorens men zich realiseerde dat ze van het Ara Pacis afkomstig waren.

Op de buitenwanden van het Ara Pacis is onder meer een stoet uitgebeeld die op 4 juli 13 v.Chr. ook daadwerkelijk heeft plaatsgehad. In de reliëfs van uitmuntende kwaliteit zijn verschillende leden van de keizerlijke familie geïdentificeerd, zoals Augustus zelf, Tiberius, Agrippa, Livia, Drusus enzovoort.

Het eigenlijke altaar waar de Pontifex Maximus en de Vestalinnen elk jaar kwamen offeren om de vrede te herdenken staat op een soort podium in de zogenaamde *cella* (letterlijk de cel). Tien treden leiden ernaartoe.

Op de oostelijke buitenmuur van het paviljoen kun je de **Res Gestae Divi Augusti** (daden van de goddelijke Augustus) lezen. De tekst strekt zich uit over zeven panelen en bestaat uit meer dan vijftienduizend bronzen letters die in het travertijn zijn ingelegd. Niet alle letters zijn oorspronkelijk, sommige zijn in de loop der tijd vervangen.

## MAUSOLEUM VAN AUGUSTUS

Aan de stadszijde van het Ara Pacis zie je een eind onder het huidige straatniveau het Mausoleum van Augustus. Nadat hij in Alexandrië het graf van Alexander de Grote had gezien, gaf Augustus al in 27 v.Chr., het jaar van zijn aantreden als keizer, de opdracht om een mausoleum voor zichzelf en zijn familie op te richten.

Het gebouw had een diameter van zevenentachtig meter en is daarmee het grootste ronde grafmonument ter wereld. Het liep uit op een vierenveertig meter hoge kegel die beplant was met cipressen. Boven op die kegel stond een bronzen beeld van Augustus en links en rechts van de hoofdingang stond een grote obelisk. In 1587 liet paus Sixtus V een van de obelisken op de Piazza dell'Esquilino aan de achterzijde van de Santa Maria Maggiore plaatsen, bijna tweehonderd jaar later, in 1786, verplaatste paus Pius VI de andere naar de Piazza del Quirinale.

In 23 v.Chr. werd Marcellus, de jonggestorven zoon van

Augustus' zuster Octavia, de echtgenoot van zijn dochter Julia en dus ook zijn schoonzoon (naar wie het theater aan de Via del Teatro di Marcello is genoemd), hier als eerste bijgezet. Later kregen Augustus zelf, de keizers Tiberius, Claudius en Nerva, Septimius Severus' vrouw Julia Domna en anderen hun laatste rustplaats in het mausoleum. Augustus' dochter Julia, die wegens overspel door haar vader werd verbannen naar het eiland Pandateria (nu Ventotene, een van de Pontijnse eilanden, ongeveer ter hoogte van Napels), en Nero kregen er geen onderkomen.

In het mausoleum hebben ooit stierengevechten plaatsgehad en het heeft tot 1936 ook nog dienstgedaan als concertzaal. De beeldhouwer Enrico Chiaradia (1851-1901) vervaardigde hier ook het reusachtige ruiterstandbeeld van Victor Emanuel II, de eerste koning van Italië, dat op het naar hem genoemde monument aan de Piazza Venezia staat. Bij de oprichting hebben twintig mensen in de buik van het paard getafeld.

### PIRAMIDE VAN CESTIUS

Vlak bij de Porta San Paolo, aan de buitenzijde van het Cimitero Acattolico of het Protestantse kerkhof, waar de Engelse romantische dichters John Keats en Percy B. Shelley zijn begraven, ligt deze bijna perfect bewaarde piramide. Ze werd gebouwd in opdracht van de volkstribuun Caius Cestius Epulonius. Deze praetor stond als lid van de *epulones*, een priestercollege met zeven leden, onder meer in voor het bereiden van offergaven voor de goden na een succesvolle veldtocht en het organiseren van heilige banketten.

Tijdens een zending in Egypte had Caius Cestius piramides gezien en hij wenste voor zichzelf een soortgelijk monument als laatste rustplaats. Hij stierf in 12 v.Chr. De piramide werd opgetrokken in nauwelijks driehonderddertig dagen. Die voorwaarde had hij zelf aan zijn erfgenamen opgelegd, anders konden ze geen aanspraak maken op hun erfdeel.

Het monument heeft een basis van 29,60 meter en is zevenendertig meter hoog. Het is gebouwd met bakstenen en werd daarna met Carrarisch marmer bekleed. Hoewel de naam van Cestius erop vermeld staat (evenals de duurtijd van het bouwen) is men lange tijd van mening geweest dat het bouwsel het graf van Remus was, waarschijnlijk omdat het overwoekerd was door onkruid. De Italiaanse renaissance-auteur Petrarca (1304-1374) schrijft de piramide nog toe aan Remus.

Niet ver van de Engelenburcht stond ooit een soortgelijke piramide waarvan men aannam dat ze het graf van Romulus was, de legendarische stichter van de stad. Die werd in opdracht van paus Alexander VI Borgia (1492-1503) afgebroken omdat ze in de weg stond voor het aanleggen van de Borgo Nuovo, de stadswijk tussen de Engelenburcht en het Vaticaan.

De piramide is eigenlijk veel te steil. Omdat tussen de middeleeuwen en de negentiende eeuw talrijke kunstenaars hun inspiratie in dit monument gevonden hadden, hebben ze piramides in hun werk ook veel te puntig weergegeven. Ze waren immers nooit in Egypte geweest maar wel in Rome.

In de piramide bevindt zich een grafkamer van zes bij vier meter waar nog restanten van fresco's te zien zijn. Het deurtje aan de oostzijde dateert pas van rond 1660.

Keizer Aurelianus liet de piramide deel uitmaken van de naar hem genoemde stadsmuur. Tot 1943 was ze verbonden met de Porta San Paolo of Porta Ostiense, een van de oorspronkelijke stadspoorten van Rome. De apostel Paulus moet daar nog onderdoor gelopen zijn en heeft de piramide van Cestius toen gezien zoals jij nu.

## AURELIAANSE MUUR

Om Rome te beschermen tegen mogelijke invallen van Germaanse volksstammen gaf keizer Aurelianus (270-275) in 271 de opdracht om een bakstenen verdedigingsmuur rond de stad te bouwen. Die was ongeveer negentien kilometer lang en omsloot de zeven traditionele heuvels van Rome, te weten de Aventijn, het Capitool, de Coelius, de Esquilijn, de Palatijn, de Quirinaal en de Viminaal. Pas circa 280, onder keizer Probus (276-282) was de muur voltooid. Die was tussen zes en acht meter hoog, drieënhalve meter dik en elke dertig meter was er een vierhoekige verdedigingstoren in opgenomen, alles bij elkaar maar liefst driehonderdtachtig. Binnen in de muren liep een gang waardoor de soldaten die de stad moesten verdedigen zich veilig konden bewegen.

De keizers Maxentius en Honorius hebben de muur later nog laten versterken en bijna dubbel zo hoog gemaakt. Hier en daar in de stad kun je dat nog goed zien. De stad was toegankelijk via zeventien stadspoorten, waarvan er een aantal haast onaangetast bewaard is, zoals de Porta San Paolo of Ostiense en de Porta San Sebastiano of Appia. De vier belangrijkste poorten, de Porta Flaminia, de Porta Ostiense, de Porta Appia en de Porta Portuensis (Trastevere), hadden een dubbele boog of doorgang, de andere een enkele.

Toch was Rome al veel eerder met een verdedigingsmuur beschermd. De zesde Romeinse koning Servius Tullius (578-534 v.Chr.), een Etrusk, had al een muur rond de stad laten bouwen. Van die **Muur van Servius Tullius** zijn nog enkele bescheiden resten bewaard gebleven, zoals links van het Stazione Termini, op de Piazza Magnanapoli langs de Via Nazionale en in het parkje van het Casa dell'Architettura aan de Piazza Manfredo Fanti.

In de Porta San Sebastiano is het **Museo delle Mura** gevestigd waar de geschiedenis van de stadsbescherming uit de doeken wordt gedaan vanaf de Muur van Servius Tullius tot na de Italiaanse eenmaking, evenals de historie van de Via Appia. Van hieruit kun je een kleine wandeling maken over de stadsmuren. Je kunt er ook de oudste stadsplattegronden van Rome bekijken, onder meer die welke in het echt op de gevel van de Santa Maria del Giglio (rechts van de hoofdingang) in Venetië te zien is.

Een bijzonder gedeelte van de Aureliaanse muur bevindt zich tussen de Porta del Popolo en de Porta Pinciana, aan het begin van de Via Vittorio Veneto. Dat is de zogenaamde **Muro Torto** (gebogen muur), ooit een geliefde plek voor mensen die zich van het leven wilden beroven. De muur zou zich volgens de legende ooit voorover hebben gebogen uit respect voor de apostel Petrus die eraan voorbijliep op weg naar zijn martelaarschap. Mensen die niet in aanmerking kwamen voor een christelijke begrafenis werden langs die muur ter aarde besteld. Volgens sommige bronnen zou keizer Nero daar begraven zijn. Ook Romeinse publieke vrouwen zouden er hun laatste rustplaats hebben gekregen.

### MONTE TESTACCIO

De Monte Testaccio of **Schervenberg** is een heuvel die in het zuiden van de stad, niet ver van de Piramide van Cestius en het Cimitero Acattolico per gli Stranieri al Testaccio of Protestants kerkhof, kunstmatig ontstaan is, grosso modo tussen het begin van het keizerrijk en het midden van de derde eeuw. Hij bestaat uit miljoenen scherven of *testae* in het Latijn, wat in de benaming te horen is. In het Italiaans wordt de heuvel ook *Monte dei Cocci* genoemd (*coccio*, meervoud *cocci*, betekent potscherf). Die scherven zijn afkomstig van naar schatting ruim vijfentwintig miljoen (volgens andere bronnen vijftig miljoen) antieke amforen en kruiken. Hier lagen namelijk de magazijnen en opslagplaatsen voor hoofdzakelijk (olijf)olie; die werd, om de noden in een stad van om en bij de een miljoen inwoners te lenigen, massaal ingevoerd uit Baetica (nu Andalusië in Spanje) en Noord-Afrika en kwam aan in de vlakbij gelegen Tiberhaven. Een dergelijke amfoor kon meer dan zeventig kilo wegen en daarom werden de goederen in gemakkelijker te hanteren verpakkingen overgeslagen.

Aangezien er toen nog geen statiegeld bestond, waren die kruiken en amforen, nadat ze van hun inhoud ontdaan waren, nutteloos en werden ze hier opgestapeld. Zo ontstond dus een heuvel, eigenlijk een gecontroleerde afvalberg, van ruim vijfendertig meter hoog en achthonderddertig meter omtrek met een geschatte omvang van 550 000 kubieke meter.

Veel scherven dragen het stempel van de fabrikant op de handvaten, op andere staan met een penseel aangebrachte gegevens, zoals de naam van de exporteur, de plaats van herkomst, de inhoud van de kruiken en de precieze hoeveelheid, de naam van de opzichter onder wiens gezag de kruiken gevuld waren, enzovoort.

Zo groeide Monte Testaccio uit tot een soort economisch archief. De scherven informeren ons niet alleen over de handelsbetrekkingen van de oude Romeinen, maar ze geven ons ook een inkijk in hun voedingsgewoonten.

Op de top van de heuvel staat sinds 1914 een kruis omdat hij, vanwege zijn gelijkenis met de berg Golgotha of de Calvarieberg in Jeruzalem, in vroegere tijden op Goede Vrijdag gebruikt werd voor een kruisweg die werd voorgegaan door de paus. De gewoonte werd in de vijftiende eeuw ingevoerd door paus Paulus II (1464-1471), die uit Venetië afkomstig was.

## ENGELENBURCHT

Het **Castel Sant'Angelo** of de Engelenburcht is in feite het **Mausoleum van keizer Hadrianus** die het had bedoeld als graftombe voor zichzelf en zijn familie. Het kreeg een plaats aan de overzijde van de Tiber waar zich de tuinen van Domitia bevonden. De architect Demetrianus was er rond het jaar 123 in opdracht van de keizer aan begonnen en het was klaar in 139, een jaar na Hadrianus' overlijden. Zijn opvolger, Antoninus Pius, liet de as van de opdrachtgever vanuit zijn tijdelijke begraafplaats in Puteoli, het huidige Pozzuoli bij Napels, naar hier overbrengen. Behalve Hadrianus vonden latere leden van de keizerlijke familie tot en met Caracalla (die in 217 werd vermoord) er hun laatste rustplaats, onder hen de keizers Antoninus Pius, Marcus Aurelius, Commodus en Septimius Severus.

Het begrip mausoleum vindt zijn oorsprong bij koning Mausolus van Halicarnassos. Zijn vrouw, koningin Artemisia, richtte voor haar man een reusachtig praalgraf op, dat als een van de zeven wereldwonderen werd beschouwd. Sindsdien worden alle praalgraven van enorme afmetingen mausoleum genoemd.

Al is de ruwe onderbouw van de rondtoren, met een doorsnede van vierenzestig meter, het enige originele gedeelte dat is overgeleverd, het oorspronkelijke mausoleum had eveneens een vierkante onderbouw waarvan de zijden zesentachtig meter lang waren. Op de hoeken moeten bronzen beelden hebben gestaan van een soldaat die steigerende paarden onder controle probeert te houden. Rond de vierkante onderbouw liep een pad dat was afgesloten met een borstwering waarop bronzen pauwen stonden. De twee pauwen links en rechts van de reusachtige *pigna* of dennenappel op de Cortile della Pigna in de Vaticaanse musea zouden er deel van hebben uitgemaakt. De rondbouw werd bekroond door een kegelvormige helling versierd met aanplantingen. Daarbovenop stond een bronzen beeld van keizer Hadrianus in een strijdwagen die werd getrokken door vier paarden. Centraal binnenin bevonden zich op drie niveaus drie grote, nog bestaande aula's of grafkamers voor de keizerlijke graven.

Het mausoleum dankt zijn naam Engelenburcht aan het volgende verhaal: in 590 zag paus Gregorius I tijdens de laatste van veertig processies om het einde van een pestepidemie af te smeken, boven het mausoleum de aartsengel Michaël, de gerechtsengel, verschijnen die zijn vlammend zwaard in de schede stak. De huidige engel is een werk van de Gentse beeldhouwer Pieter Antoon Verschaffelt (1710-1793) uit 1752.

In 271 maakte Aurelianus er ter verdediging van de stad een versterkt bolwerk van en liet het omringen door een muur met torens. Een poort die naar het graf van Petrus in het Vaticaan leidde, heette toen al de Porta San Pietro. In 403 liet keizer Honorius (395-423) het mausoleum, vanwege zijn strategische ligging, in de stadsmuren opnemen. Links van de burcht kun je dat nog zien, daar loopt boven op de stadsmuur nog de pauselijke vluchtgang of *passetto* die het Vaticaan met de Engelenburcht verbindt. Paus Clemens VII (de' Medici) heeft er bij de *Sacco di Roma* (Plundering van Rome) op 6 mei 1527 gretig gebruik van gemaakt.

De brug die van de linkeroever van de Tiber naar het mausoleum leidt is de **Engelenbrug** of **Ponte Sant'Angelo**. Tot Gregorius de Grote zijn visioen kreeg heette ze de Aeliusbrug, naar het geslacht waar Hadrianus toe behoorde. Ze werd door dezelfde architect Demetrianus gebouwd in de jaren 133-134. Ze geldt als de mooiste brug van Rome, maar die reputatie dankt ze aan de tien barokke beelden met symbolen van het passieverhaal, naar ontwerp van Gianlorenzo Bernini. Van de antieke brug zijn alleen de drie centrale bogen overgebleven.

## THERMEN VAN DIOCLETIANUS

De Thermen van Diocletianus (284-305), waaraan begonnen was door diens medekeizer Maximianus (286-305), waren eens de mooiste en rijkelijkste thermen van de oudheid. Ze hadden een oppervlakte van 376 bij 361 meter en werden in acht jaar tijd, tussen 298 en 306, gebouwd door veertigduizend christelijke dwangarbeiders. Na het voltooien van hun opdracht, zo wil het verhaal, zouden ze zijn omgebracht want Diocletianus was een van de felste christenvervolgers. In de **Abdij der Drie Fonteinen** (*Tre Fontane*), vlak bij de wijk EUR, liggen 10 203 van deze slachtoffers begraven.

In dit uitgestrekte thermencomplex konden maar liefst drieduizend bezoekers tegelijkertijd baden. De thermen waren gebouwd naar het model van de Thermen van Trajanus op de Colle Oppio (ten noordoosten van het Colosseum), waarvan jammer genoeg weinig is overgeleverd.

Diocletianus' thermen zijn goed bewaard. Sinds 1899 is een van de vier vestigingen van het **Museo Nazionale Romano** erin ondergebracht. De andere drie zijn te bezoeken in het vlakbij gelegen Palazzo Massimo alle Terme, in het Palazzo Altemps en in de Crypta Balbi. In het museum hier zijn hoofdzakelijk de minder spectaculaire stukken bijeengebracht: sarcofagen, veel vaatwerk en een bijzonder uitgebreide verzameling inscripties.

De beste indruk van het complex krijg je in de **Santa Maria degli Angeli e dei Martiri**, de kerk die Michelangelo in 1561 in de thermen heeft ingebouwd. De toegang bevindt zich op de Piazza della Repubblica die zelf op de plaats van de *exedra* of ontvangsthal aangelegd is en daarom eerst Piazza delle Terme en later Piazza dell'Esedra heette. In de kerk heb je een bijzonder goed beeld van de enorme omvang die de thermen moeten gehad hebben. Door de vestibule kom je in het tepidarium (lauwe baden), het calidarium (warme baden) en het *piscina* (zwembad).

Ook de **Aula Ottagonale** (achthoekige zaal) op de hoek van de Via Parigi en de **San Bernardo alle Terme** aan de Piazza San Bernardo, die gebouwd is in een van de vier ronde torens aan de rand van de thermen, waren oorspronkelijk ruimtes van het badhuis van Diocletianus.

Het Stazione Termini (aan de overzijde van de Piazza dei Cinquecento) is overigens genoemd naar de badhuizen en dient dus te worden verstaan als het Thermenstation.

## ESQUILIJN

De Esquilijn is een van de zeven heuvels waarop Rome gebouwd is. Oorspronkelijk was het de meest miserabele en ongezondste wijk van Rome waar zich een begraafplaats voor slaven en dieren bevond.

De levensgenieter en epicurist Gaius Cilnius Maecenas (circa 70 v.Chr.-8 v.Chr.), van wie de naam voortleeft in elkeen die de kunsten en kunstenaars begunstigt of financieel steunt, was afkomstig uit een hoogstaand Etruskisch geslacht uit Arezzo. Hij was schatrijk en bovendien de raadgever en vriend van Octavianus, de latere keizer Augustus. Maecenas bouwde hier zijn paleis en organiseerde er overdadige feesten. Zodoende maakte hij van de Esquilijn een stadsdeel met een aristocratisch karakter.

Hij nodigde de beste kunstenaars van zijn tijd uit om in zijn buurt te komen wonen: Vergilius en Horatius zouden hier van hem een huis hebben gekregen en droegen werk aan hem op; Propertius, Catullus en Ovidius woonden er. Zo werd dit gebied ook het centrum van het literaire en artistieke leven. Hoewel de excentrieke kunstliefhebber het niet al te nauw nam met de huwelijkstrouw moet hij nogal onder de plak hebben gezeten van zijn mooie vrouw Terentia. Het inspireerde Seneca (circa 5 v.Chr.-65 n.Chr.), die het niet zo op Maecenas begrepen had, tot de uitspraak dat hij duizendmaal getrouwd was, maar altijd met dezelfde vrouw.

### AUDITORIUM VAN MAECENAS

Van Maecenas' reusachtige domein, dat zich uitstrekte tot de Piazza dei Cinquecento, het plein voor het station, is nauwelijks wat overgeleverd. Het omvatte tuinen, wijngaarden, terrassen, een verwarmd zwembad en des meer.

Wanneer je vanaf de Santa Maria Maggiore de Via Merulana volgt, ligt links aan het Largo Leopardi het Auditorium van Maecenas. Het werd pas in 1874 ontdekt bij urbanisatiewerken. Omdat er zich een soort tribune in bevindt werd het vanaf de ontdekking als auditorium gekwalificeerd, maar daar wordt over getwist. Daar zou hij zijn vrienden-dichters en protegés, onder wie Vergilius en Horatius, hebben laten optreden en uit hun (recente) werk voordragen. In de nissen zijn landschappelijke fresco's bewaard gebleven met afbeeldingen van vogels, planten en bloemen die de indruk wekken van een open raam met uitzicht op de natuur.

Na de dood van Maecenas, die ook zelf dichtte en schreef, ging zijn gehele bezit bij erfenis over op zijn vriend keizer Augustus, daaronder gronden in Egypte en Italië, gelden, juwelen enzovoort.

Het fraaie marmeren beeld van een zittende hond, dat zich in de Capitolijnse musea bevindt, werd hier aangetroffen.

### DOMUS AUREA

Het Domus Aurea of **Gouden Huis van Nero** ligt op de Colle Oppio ten noordoosten van het Colosseum. Nero gaf de architecten Severus en Celer de opdracht om het paleis op te richten na de grote brand die Rome in 64 verwoestte en waarvoor hij zelf verantwoordelijk werd gesteld. Het huis, dat omringd was door een kilometerslange zuilengalerij, nam vrijwel de gehele ruimte in tussen de Esquilijn en de Palatijn.

Het Domus had een met goud beklede gevel (vandaar de naam *Aurea*) en bevatte ongeveer tweehonderd kamers die buitensporig luxueus waren versierd met mozaïeken, beelden, fresco's, ivoor, edelstenen en parelmoer. De decorateur is bekend: hij heette Fabullus. De zoldering van de eetzaal, de Sala Ottagonale (achthoekige zaal), was volgens Suetonius bekleed met ivoor, draaide voortdurend in het rond en er konden via een mechanisme bloemblaadjes over de gasten worden uitgestrooid of kostbaar reukwerk verstoven.

Op het reusachtige domein lagen ook wijngaarden, velden, tuinen en bossen waar allerhande inlandse en exotische dieren zich ophielden. Waar zich nu het Colosseum bevindt, lag een enorme vijver waarop Nero drijvende banketten zou hebben georganiseerd en op de oevers zouden bordelen hebben gestaan waar de gasten zich konden verstrooien en vermeien met zowel knapen als jonge vrouwen.

Na Nero's zelfmoord met de hulp van zijn vrijgemaakte slaaf Epafroditus in 68 – hij was nog maar dertig – liet keizer Vespasianus het huis grotendeels afbreken en op de plaats van de vijver het Colosseum bouwen. Zijn zoon Titus liet op de Colle Oppio zijn thermen oprichten. Nadat de resten van het huis in 104 door een brand waren verwoest liet ook keizer Trajanus op het terrein van het Domus Aurea zijn thermen bouwen door zijn huisarchitect Apollodorus van Damascus, die ook zijn forum aanlegde.

Op 14 januari 1506 ontdekte de wijnbouwer Felis de Fredis in een bedolven vertrek van het Domus Aurea, dat onder zijn wijngaard bleek te liggen, de **Laocoöngroep** die nu in de Vaticaanse musea wordt bewaard. Toen de vondst paus Julius II ter ore kwam stuurde hij Michelangelo en Giuliano da Sangallo erop uit om zich van de vondst te vergewissen. De zoon van Da Sangallo, die zijn vader had vergezeld, verklaarde jaren later dat hij het beeld meteen herkend had als de door Plinius de Oudere beschreven Laocoöngroep. Paus Julius II slaagde erin het beeld te verwerven, waartoe hij De Fredis een levenslange rente betaalde.

**De Stervende Galliër**, een van de topstukken in de Capitolijnse musea, moet ooit in de Sala Ottagonale van Nero's Domus Aurea hebben gestaan.

## VIA APPIA

De Via Appia werd al in de oudheid de *regina viarum* of de koningin der wegen genoemd. Deze oudste en belangrijkste weg van het Romeinse rijk verbond sinds 312 v.Chr. Rome met Capua. In 190 v.Chr. was hij doorgetrokken tot de havenstad Brindisi, in de hak van de Italiaanse laars, waar nog een zuil staat die het einde ervan aangeeft.

De weg kwam er in opdracht van de censor Appius Claudius Ciecus (*ciecus* betekent blind), naar wie hij genoemd is, waarmee hij de beroemdste wegenbouwer uit de geschiedenis is. De weg begon oorspronkelijk bij de Palatijn en was vijfhonderddertig kilometer lang. Nu begint hij in het zuiden van de stad bij de Porta San Sebastiano die trouwens vroeger Porta Appia heette.

De weg werd aangelegd om de beweging van troepen te vergemakkelijken, maar kreeg ook een belangrijke economische functie voor het vervoer van goederen. Hij had een breedte van veertien Romeinse voet of 4,10 meter zodat twee wagenspannen elkaar konden kruisen. De weg was afgeboord met een soort trottoir in verharde aarde en werd pas later bestraat met de ruwe basalten blokken die je ook nu nog ziet.

Na elke mijl stond er een mijlpaal, althans op het eerste gedeelte. Een Romeinse mijl bedroeg 1481,50 meter, gerekend naar duizend dubbele passen van 74,05 centimeter. Je kunt nog een mijlpaal zien vooraan rechts op de weg zelf en twee mijlpalen staan op de borstwering van de Piazza del Campidoglio of het Capitool.

Bij de splitsing van de Via Appia en de Via Ardeatina staat links het kerkje **Santa Maria in Palmis**, beter bekend onder de naam **Domine Quo Vadis**. Daar wordt een kopie van de voetafdrukken van Christus in marmer bewaard (*palma* betekent voetzool), de echte afdrukken kun je verderop in de San Sebastiano zien. Het was hier namelijk dat de apostel Petrus, op de vlucht voor de christenvervolgingen van keizer Nero, Christus ontmoette en hem de vraag stelde: 'Heer waar gaat u naartoe?' Toen Jezus daarop antwoordde dat hij naar Rome ging om zich opnieuw te laten kruisigen, begreep Petrus dat hij ook naar de stad moest terugkeren om zich daar aan zijn lot te onderwerpen.

Aan de Via Appia liggen ook een paar van de beroemdste en meest bezochte **Catacomben**, die van Sint-Callistus en Sint-Sebastiaan. De antieke Via Appia, intussen een soort nationaal park (het Parco dell'Appia Antica), begint pas een eind voorbij deze laatste begraafplaats.

De gladiator Spartacus en zesduizend van zijn aanhangers werden in 71 v.Chr. langs de Via Appia gekruisigd als wraak voor een slavenopstand.

Langs de Via Appia liggen enkele belangrijke archeologische bezienswaardigheden. Niet ver voorbij de Catacomben van San Sebastiano ligt links het **Graf van Romulus**, niet de stichter van de stad, maar de zoon van keizer Maxentius aan wie ook de Tempel van Romulus op het Forum Romanum is gewijd. Daarnaast liggen de overblijfselen van het

**Circus van Maxentius**, een paardenrenbaan uit de vroege vierde eeuw die weliswaar veel kleiner was dan het Circus Maximus, maar veel beter bewaard is. Ze is vijfhonderddertien meter lang en negentig meter breed en bood plaats aan achttienduizend toeschouwers. De nog bewaarde toren gaf het begin van de renbaan aan. De centrale muur, de spina, waar de wagenspannen zevenmaal omheen moesten rijden is 296 meter lang. Daarop heeft de obelisk gestaan die nu deel uitmaakt van Bernini's Vierstromenfontein op de Piazza Navona. Hij is niet Egyptisch, maar werd vervaardigd in opdracht van keizer Domitianus (81-96), wiens stadion op de plaats van de beroemde piazza lag.

Hier juist voorbij zie je het opvallendste monument, het **Graf van Cecilia Metella** uit 50 v.Chr., een elf meter hoge rondbouw met een doorsnede van 29,50 meter. Het graf is gewijd aan de dochter van consul Caecilius Mettelus Creticus, de veroveraar van Kreta, wat in zijn naam te horen is. Zij was getrouwd met Marcus Crassus, de zoon van Crassus die Spartacus had verslagen en samen met Caesar en Pompeius het eerste triumviraat vormde.

Langs de Via Appia kun je nog talrijke grafmonumenten zien, rechts onder meer die van de Horatiërs en de Curiatiërs, de twee drielingen van respectievelijk Rome en Alba Longa die elkaar ten tijde van de derde Romeinse koning Tullius Hostilius (673-642 v.Chr.) hier ongeveer bestreden hebben. De Horatiërs zegevierden voor Rome. In de grote bovenzaal van het Conservatorenpaleis op het Capitool heeft Cavalier d'Arpino deze strijd in een fresco uitgebeeld. En verder zie je hier nog het graf van de schrijver-filosoof Seneca, de leermeester van Nero, die op bevel van de keizer in 65 zelfmoord heeft moeten plegen door zich de polsen door te snijden.

Verderop kom je hoe langer hoe meer in de eigenlijke Campagna, een aantrekkelijk natuurgebied. De weg komt ten slotte uit op de **Grande Raccordo Anulare**, de ringweg rond Rome.

Nog dit: ook het begrip *columbarium* vindt zijn oorsprong langs de Via Appia. Er bevinden zich daar namelijk niet-christelijke grafmonumenten met nissen waarin de as van de doden werd geplaatst en die door hun structuur deden denken aan duiventillen. *Columba* betekent immers duif.

## CATACOMBEN

In Rome bevinden zich, afhankelijk van de bron, tussen de zestig en zeventig catacomben. Het woord catacomben is van Griekse oorsprong: met *kata kumbas* werd een inzinking in de weg in de buurt van de San Sebastiano aangeduid. De ondergrondse begraafplaatsen heetten toen *ad catacumbas*, te begrijpen als 'bij de grotten'.

Deze necropolen zijn ontstaan op het einde van de eerste eeuw. Het zijn bovenal christelijke begraafplaatsen, al klopt het wel dat christenen er zich soms ook schuilhielden en er hun godsdienst beleden. Begraafplaatsen werden namelijk gerespecteerd, dus waren ze er veilig. Christenen begroeven hun doden, Romeinen cremeerden ze.

De catacomben, waar ook verscheidene vroege pausen zijn bijgezet, vallen sinds het Verdrag van Lateranen uit 1929, waarbij Vaticaanstad een zelfstandige staat werd, onder het beheer van de Heilige Stoel. Ze vormen een doolhof van twee tot vijf meter hoge, smalle gangen van circa een meter breed, samen goed voor een lengte van zevenhonderd à negenhonderd kilometer. De overledenen werden er bijgezet in smalle nissen, *loculi* genaamd, die horizontaal waren uitgehakt in het zachte tufsteen. Daarin werden de in linnen gewikkelde lichamen gelegd, waarna de graven werden afgesloten met een stenen of marmeren plaat. Desondanks moet de geur van ontbindende lijken vaak niet te harden zijn geweest.

Dikwijls bestaat een dergelijke begraafplaats uit drie tot vijf onder elkaar gelegen verdiepingen. De oudste lichamen liggen uiteraard bovenaan, want naargelang van de nood werd er steeds dieper gegraven. Er kwamen dus geen ladders aan te pas om de doden in de hoge gangen hun laatste rustplaats te geven. In de loop van de vijfde eeuw verloren de begraafplaatsen hun functie, omdat het christendom staatsgodsdienst was geworden en aanhangers van de leer voortaan ook bovengronds ter aarde besteld mochten worden.

Als je de catacomben bezoekt, zul je misschien teleurgesteld zijn er geen botten of schedels aan te treffen, maar die werden al lang geleden verwijderd. Zo liet onder anderen paus Bonifatius IV (608-615) vele wagenladingen met botten en beenderen naar de Santa Maria ad Martyres (het Pantheon) brengen toen keizer Phocas in 608 dat gebouw aan de paus had overgedragen. We danken er de feestdag van Allerheiligen aan.

Pas in 1578 werden de catacomben toevallig ontdekt toen een landbouwer in een kuil viel en terechtkwam in een versierde ruimte van de **Catacomben van Domitilla**, een nicht van de keizers Vespasianus en Domitianus. Het was de heilige Philippus Nerius (San Filippo Neri) die zijn achttienjarige leerling Antonio Bosio de opdracht gaf de catacomben te lokaliseren. Echt wetenschappelijk onderzoek kwam er pas in de negentiende eeuw op initiatief van de archeoloog Giovanni Battista de Rossi (1822-1894).

De belangrijkste catacomben zijn die van Sint-Callistus, een derde-eeuwse paus, en **Sint-Sebastiaan**, allebei langs de Via Appia, en die van Domitilla vlakbij. Ook de **Catacomben van Priscilla**, die van San Pancrazio, die van Ciriaca onder de San Lorenzo-buiten-de-muren en die van Sint-Agnes-buiten-de-muren zijn voor het publiek toegankelijk.

In de **Catacomben van Callistus** werd het lichaam van

de heilige Cecilia aangetroffen, de patrones van de muziek. Omdat ze christen was probeerde men haar in 230, op last van keizer Alexander Severus, in haar eigen woning (onder de Santa Cecilia in Trastevere) te verstikken, maar ze overleefde wonderbaarlijk. De beul die haar daarna moest onthoofden moest driemaal toeslaan, maar slaagde nog niet in zijn opzet en Cecilia bloedde dood. Ze was vijftien. Stefano Maderno heeft haar in 1600 gebeeldhouwd zoals ze gevonden werd.

## AQUADUCTEN

Het woord *aquaduct* is samengesteld uit de Latijnse woorden *aqua* (water) en het werkwoord *ducere* (leiden, voeren), maar het zijn meer dan alleen maar waterleidingen. Zoals ook elders in Europa en zelfs daarbuiten te zien is (Pont du Gard, Tarragona, Segovia, Istanbul), zijn het vaak echte kunstwerken. De Griekse historicus en geograaf Strabo (circa 62 v.Chr.-circa 24 n.Chr.) spreekt erover in lovende bewoordingen.

Het is vanzelfsprekend dat een stad met de omvang van het antieke Rome een enorme nood aan fris en drinkbaar water had. Bovendien bevonden zich in de stad talrijke badhuizen en thermencomplexen die de noodzaak alleen maar deden toenemen. In de oudheid bestonden er dan ook niet minder dan elf aquaducten die vers water uit het vijftig kilometer verderop gelegen meer van Bracciano en vanuit de bergen naar de stad brachten, waar de Romeinen het konden gaan halen bij waterputten en fonteinen.

De aquaducten zouden alles bij elkaar een lengte hebben gehad van vierhonderdtachtig à vijfhonderd kilometer en per dag voerden ze ongeveer 1,15 miljoen kubieke meter water naar Rome. De ingenieurs die deze staaltjes van technisch vernuft hebben gerealiseerd maakten optimaal gebruik van de zwaartekracht, want omdat de aquaducten heel lichtjes helden, vloeide het water vanzelf richting stad. Er is berekend dat een aquaduct een gemiddeld verval had van nauwelijks vierendertig centimeter per kilometer. Verwonderlijk genoeg liep het grootste gedeelte ervan ondergronds, wat de hygiëne ten goede kwam. Slechts een vijftigtal kilometer zou bovengronds hebben gelopen en dat is ook het beeld dat de meesten onder ons van een aquaduct hebben. De vaak imposante bouwwerken met talrijke bogen vormen evenwel slechts een soort verpakking van de eigenlijke, meestal rechthoekige waterkanalen.

Het oudste Romeinse aquaduct, het **Aqua Appia**, dateert van 312 v.Chr. en leverde water van uitstekende kwaliteit. Het staat op naam van Appius Claudius Ciecus, naar wie ook al de Via Appia genoemd is. Het is met een lengte van 16,60 kilometer tevens het kortste, gevolgd door het Aqua Tepula uit 125 v.Chr. dat ongeveer achttien kilometer lang was. Dit laatste leverde warm water voor de thermen. Het **Aqua Virgo** (maagdelijk water) is een aquaduct van 21,20 kilometer dat in 19 v.Chr. door Marcus Agrippa, de schoonzoon van Augustus, werd aangelegd ten behoeve van zijn thermen die achter het Pantheon lagen. Dit aquaduct, dat over zijn gehele lengte slechts een verval had van vier meter, voorziet de Trevifontein van water dat geldt als het beste van Rome. Op de Trevifontein is bovenaan links een reliëf te zien waarop Agrippa voor keizer Augustus knielt om toestemming te vragen voor het aquaduct naar zijn thermen.

Het langste aquaduct was het **Aqua Marcia** uit 144-140 v.Chr. Het had een lengte van maar liefst 91,50 kilometer en bracht per dag 187 500 kubieke meter water naar de stad. Maar het bekendste aquaduct van Rome is ongetwijfeld het **Aqua Claudia** waaraan in 38 door Caligula begonnen was en dat in 52 werd voltooid onder zijn opvolger Claudius (41-

54). Het was bijna negenenzestig kilometer lang en er vloeide dagelijks 184300 kubieke meter water doorheen. Vijftien kilometer liep het bovengronds. In het zogenaamde Parco degli Acquedotti tussen de Via Appia en de Via Tuscolana (dat deel uitmaakt van het immense Parco regionale suburbano dell'Appia Antica dat zich uitstrekt over 3400 hectare) ten zuiden van Rome kun je daar omvangrijke overblijfselen van zien met tientallen spectaculaire bogen. Sommige bereiken een hoogte van zevenentwintig à achtentwintig meter.

In hetzelfde park vind je restanten van nog vijf andere antieke aquaducten: het Aqua Anio Vetus, het Aqua Anio Novus, het Aqua Marcia, het Aqua Tepula en het Aqua Julia. In 1587 liet paus Sixtus V (met zijn echte naam Felice Peretti) door zijn huisarchitect Domenico Fontana het Aqua Felice aanleggen in gedeelten van het Aqua Marcia; dat bedient nog steeds de Fontana del Mosè aan de Piazza San Bernardo.

Als je vanuit de binnenstad op weg bent naar de Via Appia bevindt zich vlak voor de Porta San Sebastiano de **Drususboog**, genoemd naar de vader van keizer Claudius, de grootvader van Caligula en de overgrootvader van Nero. Het was geen triomfboog maar een arcade die deel uitmaakte van een aquaduct, het Aqua Antoniniana, dat de thermen van Caracalla van water voorzag en een vertakking was van het oudere Aqua Marcia.

## MAUSOLEUM VAN CONSTANZA

In het noorden van Rome, langs de Via Nomentana, ligt de basiliek Sint-Agnes-buiten-de-muren met zijn catacomben en op hetzelfde terrein bevindt zich het Mausoleum van Constanza uit de vierde eeuw.

Constanza was de dochter van keizer Constantijn en zijn

tweede vrouw Fausta en dus een zus van Constantijn II. Toen ze op zeker ogenblik getroffen werd door melaatsheid besloot ze de nacht door te brengen op het graf van de heilige Agnes. De volgende ochtend bleek ze wonderbaarlijk genezen, waarna ze hier uit erkentelijkheid een basiliek liet oprichten. Constanza wordt soms, zij het ten onrechte, als heilige beschouwd en de plek wordt dan ook vaak aangeduid als het *Mausoleo* of de *Chiesa di Santa Costanza*.

Het ronde bakstenen mausoleum heeft een verhoogd centraal gedeelte met een diameter van 22,50 meter. Onder deze koepel staat het altaar en daaromheen loopt een galerij die van de centraalbouw is afgescheiden met twaalf dubbele zuilen die de koepeltrommel dragen. Het tongewelf van de rondgang is fraai versierd met vierde-eeuwse mozaïeken. Ook in de grotere nissen links en rechts zijn mozaïeken aangebracht. De koepel waarin nu zeventiende- en achttiende-eeuwse schilderingen te zien zijn, was oorspronkelijk eveneens met mozaïeken bekleed. Het mausoleum, dat nog steeds dienstdoet als kerk, is vanwege de bijzondere locatie zeer populair bij kandidaat-trouwers.

Na haar dood in 354 werd Constanza in het mausoleum bijgezet. De grote porfieren sarcofaag waarin haar stoffelijke resten waren bewaard, bevindt zich nu in de Vaticaanse musea. In het mausoleum staat een kopie. Omdat de sarcofaag versierd is met wijnranken en putti die druiven oogsten dacht men lange tijd dat het bewuste graf van Bacchus was, de god van de wijn. Dat idee werd nog versterkt door het feit dat de Bentveughels, een groepering van zeventiende- en achttiende-eeuwse kunstenaars uit de Nederlanden die berucht werd om zijn braspartijen en inwijdingsrituelen, hier vaak samenkwamen. In de nissen kun je nog steeds hun namen of bijnamen lezen die ze in de muren gekrast hebben.

## PORTA MAGGIORE

Op de Piazza di Porta Maggiore staat de zeer indrukwekkende eerste-eeuwse Porta Maggiore, een van de zeventien stadspoorten op de oostelijke Tiberoever en omdat ze de grootste is *Maggiore* genoemd. Trastevere, aan de overzijde van de Tiber, bevonden zich nog vier verdere stadspoorten. Keizer Aurelianus had deze Porta Maggiore na 271 bij de bouw van zijn verdedigingsmuur rond de stad in de omwalling laten opnemen. De Porta Maggiore staat ook wel bekend als de Porta Prenestina omdat ze aan het begin van de Via Prenestina staat die in oostelijke richting uit de stad leidt.

In feite ging het om twee vlak bij elkaar gelegen stadspoorten, een naar de Via Prenestina en een andere naar de Via Labicana, nu herdoopt tot Via Casilina.

Nochtans maakten de bogen oorspronkelijk deel uit van twee aquaducten, het **Aqua Claudia** en het minder bekende Aqua Anio Novus. Caligula had in 38 opdracht gegeven voor de bouw van beide watervoorzieningen, maar omdat hij in 41 vermoord was, kwam de voltooiing ervan in handen van zijn opvolger Claudius. Aan de buitenzijden kun je inscripties lezen waarin behalve Claudius als bouwheer, ook Vespasianus en Titus als restaurateurs vermeld zijn.

Aan de naar de Piazza Labicana gekeerde zijde van de poort werd pas in 1838 een bijzonder merkwaardig monument ontdekt, omdat het, zoals wel meer Romeinse overblijfselen, ingebouwd was geraakt. (Ook op het Forum Romanum en de andere keizerlijke fora waren in de middeleeuwen, gebruikmakend van bestaande structuren en materialen, woningen gebouwd.) Het staat bekend als het **Graf van de Bakker** en we kennen ook zijn naam, evenals die van zijn vrouw: hij heette Marcus Vergilius Eurisaces en zijn vrouw Atinia. Eurisaces was een vrijgemaakte slaaf die het als bakker tot hofleverancier geschopt had. Zijn naam staat tot driemaal toe vermeld op het monument, dat de vorm heeft van een grote bakoven. Op het graf zijn graanmolens en ovens te zien. Bovenaan zijn in bas-reliëf verschillende stadia van het bakproces uitgebeeld. Het graf stamt uit de republikeinse tijd en is dus ouder dan de *porta*.

In april 1917 is hier vlakbij louter toevallig, ten gevolge van een verzakking in de spoorweg die erboven loopt, een ondergrondse basilica ontdekt, daterend van de vroegste decennia van de eerste eeuw. Hij lag ook in de oudheid al onder de grond. Tegenwoordig ligt hij circa veertien meter onder het huidige straatniveau. Over de precieze functie van het gebouw bestaat onzekerheid. Hij wordt de **Basilica Sotterranea di Porta Maggiore** of de **Basilica Neopitagorica** genoemd. Hij zou hebben toebehoord aan een sekte die door de Romeinse senaat als staatsgevaarlijk werd beschouwd en daarom verboden was. Dat was meteen de reden waarom de leden elkaar in het geheim en dus ondergronds ontmoetten. De eigenaar van het perceel waar de basiliek zich bevond, Statilius Taurus, was consul in 44. Hij werd in 53 door keizer Claudius, door toedoen van diens echtgenote Agrippina (de moeder van Nero), ter dood veroordeeld op beschuldiging van bijgeloof en aanzetten tot tovenarij. Agrippina wilde namelijk Taurus' tuinen inpalmen. Statilius pleegde zelfmoord voordat de straf kon worden uitgevoerd.

Deze basiliek van twaalf bij negen meter wordt door twee rijen van telkens drie zuilen in drie schepen met tongewelven verdeeld. Op de vloeren liggen mozaïeken in zwart-wit. De middenbeuk komt uit op een apsis. In de basilica bevinden zich nog vrij goed bewaarde restanten van mozaïeken, fresco's en stucwerk met mythologische taferelen uit de republikeinse tijd.

## AREA SACRA DELL'ARGENTINA

Deze archeologische site aan het **Largo di Torre Argentina**, te midden van drukke verkeersassen in het centrum van de stad, is pas in de jaren 1926-1930 opgegraven. Daartoe werd een gedeelte van de wijk hier afgebroken, onder het bewind van Mussolini. Omdat de duce rond de opgravingen hoge ondoorzichtige hekken had laten plaatsen, verdachten de Romeinen hem ervan kunstmatig een archeologische vindplaats te hebben gecreëerd met restanten van andere antieke gebouwen. Onzin natuurlijk.

De opgravingen hebben vier zeer oude tempels uit de tijd van de republiek aan het licht gebracht (drie rechthoekige en een ronde) die gewijd waren aan tot nu toe niet geïdentificeerde godheden, vandaar de naam *Area Sacra*. Daarbij bevindt zich de oudste tempel van Rome die dateert van het einde van de vierde of begin derde eeuw v.Chr.

Ook de naam Argentina klinkt intrigerend, zeker als men weet dat de naam niets met het Zuid-Amerikaanse land te maken heeft, maar wel met Straatsburg. Een oude Latijnse naam voor deze Franse stad luidde namelijk **Argentoratum**. Johannes Burckhardt (circa 1450-1506), de kroniekschrijver en ceremoniemeester van vijf opeenvolgende pausen, waaronder paus Alexander VI (Borgia), was daar in de buurt geboren en er secretaris geweest van de bisschop alvorens hij naar Rome kwam. Deze vertrouweling van de paus had hier vlakbij aan de Via del Sudario, de straat waar ook de nationale kerk van de Belgen, de San Giuliano dei Fiamminghi, gelegen is, een huis met een toren laten bouwen (nu nummer 44). Die werd de Torre Argentina genoemd, waaraan het hele *Largo* (eigenlijk een verbreding van de Corso Vittorio Emanuele II) zijn naam dankt.

Omdat men, zoals gezegd, niet weet aan welke goden de tempels gewijd waren worden ze gewoon A, B, C en D genoemd. Tempel A ligt het dichtst bij de Corso. Vóór de opgravingen was boven deze tempel een kerkje gebouwd gewijd aan San Nicola.

Achter tempel A kun je aan de zijde van het Argentinatheater de restanten zien van een antiek openbaar toilet. Dat keizer Vespasianus de mensen liet betalen voor het gebruik van die toiletten en de urine verkocht aan leerlooiers werd hem door zijn zoon Titus verweten. Vespasianus haalde een gouden munt tevoorschijn, hield die onder de neus van zijn zoon en sprak daarbij: '*Pecunia non olet*' (Geld stinkt niet). Een openbaar toilet, specifiek een urinoir, wordt in het Italiaans *vespasiano* genoemd, ook in het Frans bestaat *une vespasienne*.

Naast de tempels bevindt zich, eveneens aan de zijde van het Argentinatheater, een *sottopassaggio*, een voetgangersdoorgang, vanwaaruit je de tempels uit een ander perspectief kunt zien.

Aan de zuidzijde van het Largo bevindt zich onder het straatniveau een opvangtehuis voor zwerfkatten, die hier zo talrijk zijn dat het plein door de Romeinen ook wel het kattenforum wordt genoemd.

De straat daarachter heet Via Florida. Die is niet genoemd naar de Amerikaanse staat, maar betekent zoveel als de bebloemde straat.

### CRYPTA BALBI

De Via Florida gaat over in de Via delle Botteghe Oscure (van de duistere winkels), omdat die gevestigd waren onder de bogen van het Theater van Balbus uit 13 v.Chr. en alleen licht kregen door de voordeur.

Aan de rechterzijde van die straat bevindt zich de zeer interessante Crypta Balbi. Dat is geen begraafplaats, maar een klein museum dat is ingericht in en rond de overblijfselen van het Theater van Balbus en een erop aansluitende zuilengalerij. Schuin tegenover het museum staan nog twee zuilen overeind van een Tempel voor de Nimfen.

Het theater is genoemd naar Lucius Cornelius Balbus, een generaal en vriend van Augustus. De zuilengang, die rond een binnenplein met waterbekken lag, was de Porticus Minucia Frumentaria waar aan de Romeinen graan werd uitgedeeld (*frumentum* betekent graan). Hij dateert uit de tijd van keizer Claudius (41-54) en kon worden geïdentificeerd dankzij de Forma Urbis Romae, de antieke plattegrond van Rome. De portieken (want er waren er twee: de andere heette Porticus Minucia Vetus) ontlenen hun naam aan Marcus Minucius Rufus.

In de Crypta Balbi kun je nog enkele spectaculaire ondergrondse ruimtes bezoeken. Verder zijn er hoofdzakelijk kleinere objecten, aardewerk, vaatwerk, marmerfragmenten, mozaïeken, fresco's, inscripties, gebruiksvoorwerpen, munten en dergelijke tentoongesteld.

In de straat rechts van de Crypta Balbi, de Via Michelangelo Caetani, werd in mei 1978, in de kofferbak van een Renault 4, het levenloze lichaam aangetroffen van de christendemocratische Italiaanse premier Aldo Moro, die twee maanden eerder door de Rode Brigades was ontvoerd en werd vermoord. Tussen de huisnummers 8 en 9 hangt een plaquette die daaraan herinnert.